Tim Nießner

Der Zeugnis-retter

Tim Nießner

Der Zeugnis-retter

Wie du gechillt durch die Schule kommst, ohne groß zu lernen

mvgverlag

Bibliografische Information der Deutschen Nationalbibliothek
Die Deutsche Nationalbibliothek verzeichnet diese Publikation in der Deutschen
Nationalbibliografie. Detaillierte bibliografische Daten sind im Internet über
http://dnb.d-nb.de abrufbar.

Für Fragen und Anregungen:
info@mvg-verlag.de

1. Auflage 2021
© 2021 by mvg Verlag, ein Imprint der Münchner Verlagsgruppe GmbH
Türkenstraße 89
D-80799 München
Tel.: 089 651285-0
Fax: 089 652096

Die gewählte männliche Form bezieht sich immer zugleich auf weibliche, männliche und diverse
Personen. Auf konsequente Mehrfachbezeichnung wurde aufgrund besserer Lesbarkeit verzichtet.

Redaktion: Julia Jochim
Umschlaggestaltung: Manuela Amode
Umschlagabbildung: Shutterstock.com/carmen2011, Olga Donskaya, PrasongTakham
Layout und Satz: Satzwerk Huber, Germering
Druck: CPI books GmbH, Leck
Printed in Germany

ISBN Print 978-3-7474-0300-6
ISBN E-Book (PDF) 978-3-96121-667-3
ISBN E-Book (EPUB, Mobi) 978-3-96121-668-0

Weitere Informationen zum Verlag finden Sie unter

www.mvg-verlag.de

Beachten Sie auch unsere weiteren Verlage unter www.m-vg.de

Inhalt

Einleitung

Hi,

ich bin Tim, 18 Jahre alt und Schüler wie du. Mein Ziel ist es, dir zu zeigen, wie du in der Schule ohne viel Aufwand besser werden und dein nächstes Zeugnis retten kannst. Du denkst, so was ist unmöglich? Okay, dann hör mir genau zu:

Ich bin in der 13. Klasse und sitze derzeit von Montag bis Freitag zwischen 8 und circa 15 Uhr in einem Klassenraum in meiner Schule. Da ich bald Abi schreibe und die Lehrer sich so verhalten, als würde ihnen das erst jetzt klar werden, ziehen diese extrem durch, was mich nervt. Das Gefühl kennst du bestimmt auch – egal, in welcher Klasse du gerade bist.

Du merkst wahrscheinlich schon, ich bin nicht irgendein Streber, der es liebt, in die Schule zu gehen. Das hängt vor allem damit zusammen, dass ich lange Zeit schlecht in der Schule war. In der Grundschule gehörte ich immer zu den schlechteren Schülern und war in der vierten Klasse mit einem 2,6er-Schnitt der Einzige meiner Geschwister, der nur eine Realschulempfehlung bekam. Letztlich ging ich dann auf die Gesamtschule in meiner Nachbarstadt, um noch die Chance zu haben, ein weit entferntes Abi zu machen. In der fünften und sechsten Klasse sah es aber eher so aus, als würde ich dieses Ziel nicht erreichen. Ich wurde immer schlechter ... Am Ende der sechsten Klasse hatte ich einen Schnitt von 3,0. Da dachte ich mir: »Du bist jetzt kein guter Schüler, aber soo schlecht bist du nun auch nicht.« Ich nahm mir am gleichen Tag vor, im folgenden Jahr alles zu geben, um diesen Trend umzudrehen und wieder auf einen Schnitt von 2,6 zu kommen, wie in der vierten Klasse. Mein Ziel war es auch, mit diesem Schnitt mein Abi zu machen.

Am Ende der siebten Klasse hatte ich mein Ziel nicht erreicht, sondern ich war weit darüber hinausgeschossen! Ich hatte mich von 3,0 auf 1,9 verbessert! Seitdem bin ich in der Schule immer besser geworden und und gehöre jetzt zu den Besten in meinem Jahrgang. Trotzdem kann ich mich noch sehr gut daran erinnern, wie es ist, nicht zu den Besten in der Schule zu gehören, und ich habe definitiv nicht wegen meiner guten Noten angefangen, die Schule zu lieben. Aber ich sehe sie als wichtigen Schritt auf dem Weg zu meinem Traumleben (dazu später mehr).

Sehr wahrscheinlich bist du gerade nicht so gut in der Schule (vielleicht hast du vor ein paar Wochen ein schlechtes Zeugnis nach Hause gebracht) und bist auch nicht soo unglaublich motiviert, dieses Buch zu lesen, weil du erstens kein Streber bist und auch keiner werden willst und dich zweitens Schule nicht wirklich juckt.

Wenn das auf dich zutrifft, solltest du die nächsten Zeilen extrem aufmerksam lesen, denn wir beide können einen Deal machen. Ja, du hast richtig gehört: einen Deal!

Auf den paar Seiten, die dieses Buch hat, werde ich dir Tipps und Tricks zeigen, wie du OHNE 24/7 zu lernen und OHNE von deinen Freunden als Streber oder Schleimer abgestempelt zu werden (eher das Gegenteil), schnell besser in der Schule wirst und dein nächstes Zeugnis rettest. Du wirst WENIGER Stress mit deinen Lehrern und deinen Eltern haben, dich persönlich WEITERENTWICKELN und eine GROSSE Chance haben, später ein richtig geiles Leben zu leben. Und das alles, indem du in der Schule CLEVER aktiv wirst!

Ziemlich hohe Versprechen, oder? Ich weiß! Aber die Tipps und Tricks, die du in diesem Buch erfahren wirst, sind keine x-beliebigen krummen Theorien, die ich mir irgendwann nach einer Party auf dem Nachhauseweg ausgedacht habe. Ganz im Gegenteil: Ich habe vor drei Jahren angefangen, fast 100 der besten Schüler Deutschlands stundenlang zu interviewen. Die Hauptfrage war: »Was muss ich tun, um schnell besser in der Schule zu werden?« Und ihre Antworten haben mich komplett umgehauen. Meine Sicht aufs »in der Schule besser werden« hat sich um 180 Grad gedreht. Ich hätte nie gedacht, dass es so viele Tricks gibt.

»Toll«, denkst du jetzt vielleicht, »was sollen mir die Tipps von irgendwelchen Genies helfen, die eh nicht lernen müssen?« Keine Angst, auch wenn natürlich ein paar Genies unter diesen Topschülern waren, kamen die meisten und besten Tipps von denen, die durchschnittlich intelligent waren und die durch die Anwendung von Tipps und Tricks gut in der Schule wurden. Die Hauptaussage aus allen Interviews war: Reines Lernen hat nur einen kleinen Einfluss auf den schulischen Erfolg. Andere Faktoren sind mindestens genauso wichtig. Das heißt, dass du nur an ein paar kleinen Stellschrauben drehen musst, um besser zu werden und deine nervigen Eltern zufriedenzustellen, die möchten, dass du besser in der Schule wirst und im nächsten Halbjahr ein besseres Zeugnis hast.

Zurück zu unserem Deal: Ich verspreche dir, dass all das, was ich gerade beschrieben habe, bei dir eintreffen wird, wenn du 1. dieses Buch aufmerksam durchliest und 2. die Tipps und Tricks aus den Phasen (was das ist, erfährst du im Laufe des Buches) in deinem Schulalltag anwendest. Haben wir einen Deal? Wenn ja, unterschreib unten neben meiner Unterschrift – und lass uns zusammen durchstarten!

Tim Nießner

_____   _____
Tim Nießner   Du

Motivation

Okay: Das Allerwichtigste, noch bevor wir mit den Tipps und Tricks anfangen, ist die Motivation. Warum ist das so? Im Moment ist deine Motivation in puncto Schule sehr wahrscheinlich extrem gering. Wenn wir das nicht ändern, bringen dir all die Tipps und Tricks, die ich dir beibringen möchte, null. Ganz einfach, weil du nicht motiviert sein wirst, diese anzuwenden, weil dich dein Erfolg oder Misserfolg in der Schule gerade noch nicht juckt. Wie können wir das ändern?

Es gibt gefühlt mehr Motivationsstrategien als Menschen auf dieser Welt. Motivation ist das neue Abnehmen: Es gibt Millionen von YouTube-Videos, Blog-Artikeln, Selbsthilfebüchern und Zeitschriften, in denen die allerneuesten Strategien veröffentlicht werden, die versprechen, dass man innerhalb weniger Sekunden bis zu den Fingerspitzen voller Motivation ist. Es wird mit Wörtern wie »Purpose«, »Life Task« oder »Meaning« nur so um sich geworfen.

Die meisten dieser Strategien funktionieren aber nicht oder haben irgendeinen Haken. Genauso wie Diäten. Deswegen würde ich vorschlagen, dass wir in diesem Wirrwarr, wie beim Abnehmen, einfach zu den Basics zurückgehen. Beim Abnehmen sind die Basics, dass man ein Kaloriendefizit braucht (man muss weniger Kalorien essen, als der Körper benötigt, damit er die Fettreserven angeht), um abzuspecken. Daran führt kein Weg vorbei. Bei der Motivation sind die Basics, dass man ein Ziel braucht, welches einem so wichtig ist, dass man gewillt ist, sich dafür anzustrengen – auch wenn es nicht immer leicht ist. So einfach ist es!

In diesem Kapitel werde ich dir zeigen, wie du dieses Ziel findest und keine Motivationsprobleme mehr haben wirst, montagmorgens aus dem Bett zu kommen.

Wie soll dein Leben nach dem Schulabschluss aussehen?

Je älter du bist, desto häufiger wird dir die Frage gestellt: »Was möchtest du nach der Schule machen?« Extrem viele Schüler verdrängen diese Frage (was ich irgendwie auch ein bisschen nachvollziehen kann), denn irgendwann nervt es, wenn man auf jeder Familienfeier von zehn Leute diese Frage gestellt bekommt. Leider gibt es aber deshalb für extrem viele Schüler später im letzten Schuljahr ein böses Erwachen, weil sie dann gezwungen sind, sich kurzfristig über ihre Zukunft Gedanken zu machen. Da werden dann aus Zeitnot häufig falsche Entscheidungen getroffen.

Man sollte sich das also schon rechtzeitig überlegen, aber ich finde persönlich, dass die Frage eigentlich viel zu kurzsichtig und eingeschränkt ist. Es geht nur um einen Zeitraum von drei bis fünf Jahren nach deinem Abschluss, die Zeit, in der du deine Ausbildung oder dein Studium machst. Was du den Rest deines Lebens machst, muss mit dieser Ausbildung gar nichts mehr zu tun haben – die Zeiten, in denen man im selben Betrieb in Rente geht, in dem man gelernt hat, und ein Leben lang den gleichen Beruf macht, sind nun wirklich vorbei. Warum denkt man nur in so kleinen Zeiträumen? Nach der Ausbildung wirst du noch 50 bis 70 weitere Jahre leben. Warum wird man nicht gefragt, was man in den nächsten 40 oder 50 Jahren machen will?

Natürlich musst und kannst du jetzt nicht mit 100-prozentiger Sicherheit wissen, was du in 50 Jahren machen wirst. Aber eine ungefähre Idee, eine Vorstellung, was du aus deinem Leben machen möchtest, solltest du unbedingt haben. Ein Großteil aller Jugendlichen hat das nicht.

Kennst du noch den supercoolen Begriff YOLO? Er ist recht schnell aus der Jugendsprache verschwunden, und viele haben seine Bedeutung auch schnell vergessen, auch wenn sie extrem wichtig ist. Für die jüngeren Leser: YOLO heißt »You Only Live Once«, also »Du lebst nur einmal«. Wenn du dir bewusst machst, dass du nur ein Leben hast und gelebte Zeit nicht zurückbekommst, möchtest du da nicht auch eher mit einem Plan durch dein Leben gehen? Wenn du 30 Tage kostenlos Netflix testen möchtest und weißt, dass du danach wieder aussteigst, überlegst du dir ja auch, welche Serien und Filme du innerhalb dieses begrenzten Zeitraums gucken möchtest, und machst dir einen Plan.

Dieses Bewusstsein für den Wert der eigenen Zeit oder die Endlichkeit des eigenen Lebens hat die große Mehrheit der Menschen nicht. Guck dich morgen mal in deiner Klasse oder auch mal draußen auf der Straße um. Sehen die Menschen so aus, als hätten sie bewusst ihr Leben geplant, sodass sie jeden Tag etwas machen, was für sie wichtig ist und was sie glücklich macht, oder sehen die meisten so aus, als würden sie wie Zombies aus *The Walking Dead* schlafwandeln?

Wie du dein eigenes Leben designen kannst

Ja, es stimmt: Du kannst zum Designer deines eigenen Lebens werden! Du fragst dich jetzt bestimmt: »Was soll das denn bedeuten?! Meint der, dass ich mein Aussehen, zum Beispiel durch Haarefärben, verändern kann?« Ehm, nicht ganz. Ich meine damit, dass du wirklich planen und entscheiden kannst, wie dein Leben aussehen soll und was du für ein Mensch wirst.

Wie? Zuallererst musst du dir klar darüber werden, wie dein bestmögliches Leben aussehen soll. Ist es dir wichtig, viel Geld zu verdienen und ein luxuriöses Leben zu haben, auch wenn das lange und stressige Arbeitszeiten bedeutet? Oder möchtest du so wenig wie möglich arbeiten, eher den Fokus auf deine Freizeit legen und einen niedrigeren Lebensstandard in Kauf nehmen? Was für einen Freundeskreis möchtest du haben und welche Schulfreunde sollen Freunde fürs Leben werden? Was für einen Partner möchtest du in deinem Leben haben? Möchtest du Kinder und wenn ja, wie viele? Welche Hobbys möchtest du haben? Welche Träume und Ziele möchtest du verwirklichen (zum Beispiel Marathon laufen, den Mount Everest besteigen, eine Schule in Afrika bauen et cetera)? Wo möchtest du leben (Land, Klima et cetera)?

Aufgabe 1
Um alle diese Fragen zu beantworten und so Stück für Stück dein Traumleben zu designen, würde ich dir empfehlen, dich am Wochenende einfach mal an deinen Schreibtisch zu setzen, alle diese Fragen als Startpunkt zu nehmen und dann dein Traumleben so klar wie möglich schriftlich festzuhalten. Nimm dir dafür Zeit und stelle dir mehrmals die Kernfragen; gewisse Wünsche und Vorstellungen brauchen ein bisschen, bis sie hervorkommen.

Wenn du einen Text auf ein Blatt Papier, am Computer oder in deiner Notiz-App geschrieben hast, der dir glasklar ein Leben zeigt, mit dem du unglaublich glücklich bist, stellt sich die Frage, in welchem Alter du dieses Traumleben lebst: wenn du in deinen Zwanzigern und voller Energie bist oder doch eher in deinen Vierzigern, wenn du eine Familie hast?

Aufgabe 2
Nach dem Beantworten dieser Fragen kommen wir zur zweiten Aufgabe: Da dein Leben ja doch hoffentlich etwas länger dauern wird, setze dich noch mal an deinen Schreibtisch und halte für alle Jahrzehnte, also für dein jetziges Alter bis du 20 bist, die Zeit zwischen 20 und 30, zwischen 30 und 40 und so weiter (mach das, bis du bei 90 bis 100 Jahren bist, denn so alt wirst du sehr wahrscheinlich werden, wenn du heute ein Teenager bist), fest, wie ein geiles Leben, welches DICH glücklich macht, in diesem Jahrzehnt aussieht.

Achtung: Es ist logisch, dass du nicht in jedem Jahrzehnt gleich glücklich sein kannst und immer 24/7 100 Prozent happy bist. Du wirst dich sicher auch mal ein paar Jahre lang hinsetzen und Dinge machen müssen, die dir nicht so viel Spaß machen, um dein Traumleben danach zu erreichen. Wenn du Ärztin oder Fußballprofi werden möchtest, musst du dich als angehende Ärztin durch ein langes Studium und als angehender Fußballprofi durch endlose Trainingseinheiten und strenge Diät quälen, um in deinen späten Zwanzigern oder Dreißigern dein Traumleben zu leben. Deswegen beziehe diese kurzen »Durchbeiß-Phasen« auch in deine Planung ein. Ohne sie wirst du, realistisch gesehen, nicht dein Traumleben erreichen können. »Umsonst gibt's nix« ist zwar ein nerviger Spruch, aber er stimmt halt leider.

Fertig? Sehr gut! Wenn du dir wirklich genug Zeit genommen (falls nicht, ist das nicht schlimm – leg das Buch einfach beiseite und konzentriere dich noch mal auf die beiden Aufgaben) und die Aufgaben ausführlich gemacht hast, solltest du jetzt ein klares Bild von deiner ungefähren Traumzukunft haben. Es wird sich im Laufe deines Lebens sicherlich noch die eine oder andere Sache ändern, das ist ganz normal – aber allein dadurch, dass du einen Plan hast, bist du 99,99 Prozent der Leute in deinem Alter und generell 95 Prozent aller Menschen weit voraus.

Aufgabe 3

Das Schreiben ist noch nicht ganz vorbei. Ich habe noch eine dritte und letzte Aufgabe für dich, die fast am wichtigsten ist: Nachdem du herausgearbeitet hast, wie das geilste Leben für dich aussieht, geht es jetzt darum, wie dein Leben aussehen wird, wenn du all deinen Schwächen nachgibst und Dinge machst, von denen du eigentlich weißt, dass sie schlecht für dich sind (zum Beispiel anfangen zu rauchen, weil du zu den angeblich »supercoolen« Kids gehören möchtest, und du redest dir dann ein, dass du »nur« ein Partyraucher bist … Safe! Oder du hängst täglich sechs Stunden vor dem Bildschirm und behauptest stur, dass du nicht Social-Media-süchtig bist, tatsächlich brauchst du Instagram und Co. aber, weil sie dir kurzzeitig Selbstvertrauen geben, du dich cool oder einfach besser fühlst). Wir alle haben Schwächen und die meisten Leute bekämpfen sie mehr oder weniger erfolgreich.

Schreibe wie zuvor auf, wie dein Leben in jedem Jahrzehnt aussehen würde, wenn du all diese Dinge machst und nichts gegen deine Schwächen unternimmst. Und sei ehrlich zu dir. Versuche, ein genauso klares Bild von deiner schlechten Zukunft zu bekommen wie von deiner guten Traumzukunft bei den beiden Aufgaben.

Diese Aufgabe ist deutlich schwerer, weil wir es (verständlicherweise) nicht mögen, uns mit unseren Schwächen oder unseren negativen Charaktereigenschaften zu befassen. So etwas tut weh. Es ist aber notwendig, weil du sonst wie ein Blinder von diesen Schwächen in eine sehr schlechte Zukunft geleitet wirst.

Fertig? Sehr gut.

Du fragst dich bestimmt schon seit ein paar Seiten, was das alles mit Motivation und einem Ziel zu tun hat. Diese Übungen, die du gerade gemacht hast, haben dir genau das gebracht – ein Ziel. Du hast jetzt einen Ausblick auf eine positive Zukunft und auf eine negative. Der erste Ausblick zeigt dir hoffentlich ein Leben, welches du sehr gerne leben möchtest und für das du auch bereit bist, dich anzustrengen, weil der zweite Ausblick überhaupt keine Alternative ist. Stimmst du mir da zu?

Jetzt hast du ein Ziel, wofür du bereit bist, dich anzustrengen. Null-Bock-Stimmung ist hoffentlich vorbei, weil dich deine Zukunft begeistert und du kaum erwarten kannst, auf diese hinzuarbeiten, damit du so schnell wie möglich dein Traumleben Realität werden lassen kannst!

Zukunftsaussicht als Schulmotivation benutzen

Du denkst jetzt bestimmt: »Ja, ein Traumleben zu haben ist schön und gut, aber geht es in diesem Buch nicht um Schule?!« Ja, und dazu kommen wir jetzt. Jetzt werden wir die gerade herausgearbeitete positive Zukunftsaussicht mit deiner schulischen Motivation verbinden. Denn warum gehst du überhaupt in die Schule? Ich zumindest gehe da nicht hin, weil mir Fächer wie Kunst oder Mathe soo unglaublich viel Spaß machen, sondern weil ich einen guten

Abschluss haben möchte, der mir dann hilft, mein Traumzukunftsleben Realität werden zu lassen. Du siehst ein, dass das zusammengehört, oder? Okay, gut.

Da dein Traumzukunftsleben stark von deinem Beruf bestimmt sein wird, musst du dir klarmachen, welchen Abschluss und welchen Notendurchschnitt du für deinen Traumberuf brauchst. Sagen wir mal, du möchtest erfolgreicher Manager in einem großen Unternehmen werden: Dann guck dir 1. an, welchen Studiengang oder welche Ausbildung du dafür machen musst, und 2., welchen Notenschnitt (viele Studiengänge haben einen sogenannten Numerus clausus, einen bestimmten Notenschnitt, den du zwingend haben musst) und Abschluss du dafür brauchst. Wenn du das nicht machst oder vergisst, es zu machen, und dich zu spät informierst, kann dein Traumleben ganz schnell Geschichte sein, wenn du nach der Schule nicht den richtigen Durchschnitt oder sogar den falschen Abschluss hast.

Außerdem ist es wichtig herauszufinden, welche Kenntnisse und Fähigkeiten für deinen Traumberuf wichtig sind. Wenn du zum Beispiel Ingenieur werden möchtest, musst du unbedingt gut in Mathe sein. Wenn du von einer internationalen Karriere träumst, solltest du dir schon in der Schulzeit viel Mühe in Englisch geben, weil dir das später vieles leichter macht. Egal, in welcher Klasse du gerade bist, geh auf Google und finde heraus, welchen Abschluss, welche Noten und welche Fähigkeiten du benötigst, damit du deinen Traumberuf ergreifen kannst. Wenn du diese Anforderungen nach der Schule nicht erfüllst, wird sehr wahrscheinlich deine negative Zukunftsvision Realität oder zumindest das Traumleben bleibt ein Traum.

Das heißt, es ist ganz easy: Du hast jetzt ein Ziel, nämlich den Durchschnitt und den Abschluss, den du erreichen musst, um dein Traumleben verwirklichen zu können. Als mathematische Formel würde das so aussehen: erfüllte Anforderungen (richtiger Durchschnitt + Abschluss) = DEIN Traumleben.

Dank dieser einfachen Formel hast du jetzt ein Ziel, das du verfolgen kannst, das messbar ist (du siehst also immer, wo du gerade stehst) und das realistisch erreichbar ist. Da du dieses Ziel so klar vor dir siehst, bist du jetzt auch bereit, dich anzustrengen und dich auch mal durchzubeißen. Wenn es mal schwer wird und du Zweifel an dir und diesem Ziel hast, kannst du dich einfach an dein Traumleben und dein Horrorleben (die negative Zukunftsvision) erinnern und dir klarmachen, dass es sich lohnt, für dein Traumleben zu kämpfen.

Achtung: Der größte Fehler bei der Festlegung des Notenziels

Ein riesiger Fehler, den viele machen, ist, sich die Minimalanforderungen als Ziel zu setzen. Ganz nach dem Motto:»Oh, der Numerus clausus ist ein 3,3er-Abi. Okay, dann ist das mein Ziel.« Das ist in etwa so, als wäre es dein Ziel, Fußballprofi zu werden, und da man ja Fußballprofi auch in der Kreisklasse sein kann, gibst du dich damit zufrieden, anstatt zu versuchen, in die Bundesliga zu kommen. Mal ganz ehrlich, ein Leben lang Kreisklasse kicken – das geht doch besser, oder? Also steck dir deine Ziele höher. Außerdem ist es eine schlechte Idee, so knapp zu kalkulieren: Was, wenn im Abi dann doch was schiefgeht, und du landest am Ende bei 3,4? Wäre echt blöd, oder?

Eine der größten Falschaussagen zu diesem Thema ist übrigens: »Ein gutes Abi braucht man nur, wenn man Medizin, Jura oder Psychologie studieren möchte!« Diese Ansicht ist so unglaublich weit verbreitet, aber soo unglaublich falsch! Es stimmt, dass die Mindestanforderungen bei diesen Studiengängen sehr hoch sind, aber das heißt nicht, dass, wenn du zum Beispiel BWL studieren möchtest, sich ein gutes Abi nicht lohnt. Nicht alle Unis sind gleich. Es hat schon einen Grund, weshalb Unis und auch ausbildende Unternehmen verschieden hohe Anforderungen an ihre Bewerber stellen. Je höher die Anforderungen, desto besser wird deine Ausbildung sein. Wenn du zum Beispiel ein 1,x-Abi machst und damit BWL studieren möchtest, sagen vielleicht Leute, du hättest dich unnötig angestrengt, weil du für diesen Studiengang nur einen 2,3er-Schnitt brauchst. Sie vergessen aber, dass du mit einem 1er-Schnitt einen Studienplatz an einer Topuni, einen Ausbildungsplatz bei einer der besten Firmen oder ein Stipendium für ein duales Studium oder einen Studienplatz im Ausland bekommen kannst. Also ziele mit deinem Schnitt immer so hoch wie möglich, damit du die freie Wahl hast und die bestmögliche Ausbildung bekommst (du möchtest ja zum Beispiel keine Ausbildung in einer schlechten Firma machen, in der deine Ausbilder dich 50 Prozent der Zeit Kaffee kochen lassen) und später in deinem Traumberuf wirklich gut sein kannst.

So, ich hoffe, du hast jetzt erstens dein Traumleben und dein Horrorleben aufgeschrieben, und beide stehen dir hoffentlich glasklar vor Augen. Zweitens hast du ein Notenziel aufgestellt, welches deutlich höher als die Mindestanforderungen für deine Pläne ist, aber dennoch erreichbar, und du bist jetzt so motiviert, dass du montagmorgens problemloser aus dem Bett herauskommst als sonst.

Rede dir keinen Unfug ein

Im nächsten Schritt geht es darum, wie deine bisherigen Erfahrungen in der Schule, mit Lehrern oder Mitschülern deinen Kopf beeinflusst haben und du dich deshalb vielleicht schwertust, durchschnittlich oder halbwegs gut in der Schule zu sein. Ich werde dir zeigen, wie du das ändern kannst!

Wenn du jetzt gefragt würdest, was für ein Schüler du bist, würdest du wohl kaum »ein guter« sagen und dich eher bei den schlechten einordnen, oder? Warum ist das so?

Gerade wenn du schon deine ganze Schulzeit eher zu den Schlusslichtern gehört hast, denkst du vielleicht, du seist einfach ein schlechter Schüler und dass man da nichts ändern kann. Du bist halt einfach nicht so gut. Diesen Gedanken könnten Lehrer oder Mitschüler verstärkt haben, indem zum Beispiel deine Mathelehrerin in der ersten Klasse zu dir sagte: »Wie kannst du nicht wissen, was 2 + 3 ist? Das ist doch extrem einfach!«, oder deine Mitschüler dich ausgelacht haben, wenn du mal was Falsches im Unterricht gesagt hast.

Hör mir zu: Du musst jetzt sofort aufhören, dir solche Dinge einzureden und einreden zu lassen! Vielleicht bist du gerade nicht gut, aber der Fokus liegt auf dem Wort »gerade«. Kein Mensch wird mit irgendwelchen unglaublichen Talenten geboren. Messi konnte nicht alle ausdribbeln, bevor er sprechen konnte. Er musste lernen, gut zu werden. Und du kannst das auch. Es sagt gar nichts über dich aus, wenn du in der Vergangenheit schlecht in der Schule warst. Niemand ist per Schicksal ein schlechter Schüler. Vielleicht ist nicht jeder ein Überflieger, aber du kannst garantiert mehr, als du momentan bringst, weil du dich noch nie wirklich angestrengt hast und/oder nicht die richtigen Tipps und Tricks draufhast.

Deswegen hör sofort auf, dir einzureden, wenn du mal irgendetwas Falsches im Unterricht sagst oder eine schlechte Note schreibst, dass du einfach für immer schlecht sein wirst oder dumm bist. Denn diese Denkweise führt dich immer weiter in eine Abwärtsspirale!

Wie schon in der Einleitung gesagt, möchte ich dir zeigen, wie du durch ein paar kleine Veränderungen und Tricks, ohne auf einmal als größter Streber zu gelten, in manchen Fächern vielleicht sogar besser als die Streber wirst. Weil du in diesem Buch beigebracht bekommst, wie man sich in der Schule clever verhält, anstatt wie ein Idiot 24/7 zu lernen. Was du aber brauchst, ist Engagement. Wenn du dir selber immer einredest, dass du auf keinen Fall gut in der Schule sein kannst, wird das auch so sein, egal, wie viele Tricks ich dir beibringe.

Hör auf, dir zu sagen: »Ich bin ein schlechter Schüler«, und sag dir stattdessen: »Ich bin ein cleverer Schüler.« Was bedeutet das? Das bedeutet nicht, das du ein Genie bist wie Albert Einstein, sondern einfach, dass du schlau bist und Tipps und Tricks anwendest, mit denen du mit wenig Aufwand halbwegs gut durch die Schule kommst. Wer würde zu so einer Win-win-Situation Nein sagen?!

Ich hoffe, du hast verstanden, dass du kein schlechter Schüler für immer sein musst und dass es einen Unterschied zwischen einem »guten« und einem »cleveren« Schüler gibt.

Was tun, wenn die Null-Bock-Stimmung zurückkehrt?

Ich weiß, wie einfach es ist, in den Ferien voller Motivation zu sagen: »Okay. Jetzt habe ich dieses Notenziel und möchte es unbedingt erreichen.« Nach der ersten Schulwoche ist diese Motivation aber wie weggeblasen und man chill: lieber in der Schule und probiert die neuen Snapchat-Filter aus, anstatt aufzupassen. Wenn dann der Elternsprechtag kommt und du deine Quartalsnoten bekommst, ärgerst du dich, dass du dich nicht genug motiviert hast, in der Schule durchzuziehen. Als Nächstes werde ich dir zeigen, wie du es schaffst, erstens seltener in diese Situation zu kommen und zweitens schnell wieder aus dieser Null-Bock-Stimmung herauszukommen.

Umfeld erweitern

Ein Grund, weshalb du in der Schule schnell wieder in eine Null-Bock-Stimmung verfällst, könnte sein, dass du Freunde hast, die keinen Bock auf Schule haben und deshalb in der Schule immer einen negativen Vibe haben, und du davon mitgezogen wirst.

»He, das sind aber meine Freunde«, denkst du jetzt vielleicht, die gebe ich nicht auf! Keine Sorge, ich sag jetzt nicht, dass du nie wieder etwas mit deinen Freunden machen sollst, denn natürlich sind Freunde wichtig. Mein Vorschlag ist, einfach zusätzlich neue Freunde zu finden, die nicht so eine negative Einstellung gegenüber der Schule haben. Wenn du von deinem Umfeld auch positiv in Richtung Schule beeinflusst wirst, werden die negativen Stimmen ein wenig ausgeglichen. Das heiß: nicht, dass du dich mit Strebern anfreunden musst, die dir komplett unsympathisch sind. Es gibt drei Gruppen von Schülern, mit denen du dich anfreunden könntest:

1. Der Großteil der Schüler ist gegenüber der Schule neutral eingestellt. Sie wissen, dass die Schule für ihre Zukunft wichtig ist, aber sie nervt der Schulalltag und sie freuen sich, wenn sie ihren Abschluss haben.

2. Es gibt eine kleine Gruppe von Schülern, die Schule einfach hassen und deshalb auch oft schwänzen. Dazu könnten deine Freunde gehören, die einen negativen Vibe verbreiten.

3. Genauso wie es eine kleine Gruppe von Schulhassern gibt, gibt es auch eine kleine Gruppe von Schülern, die die Schule lieben. Okay, »lieben« ist vielleicht ein wenig übertrieben, aber ihnen macht es Spaß, neues Wissen zu erwerben und sie wollen gute Noten bekommen. Sie haben jedenfalls irgendeine Motivation, sich in der Schule anzustrengen.

Versuch doch mal, dich mit netten Mitschülern und Mitschülerinnen aus der ersten und auch aus der dritten Gruppe anzufreunden. Wie gesagt: Wenn sie dir nicht sympathisch sind, lass es, dann wird das sowieso nichts. Eh klar. Aber guck dir doch mal in diesen beiden Gruppen korrekte Leute aus, die nett wirken.

Natürlich läuft keiner herum und sagt alle fünf Sekunden, wie toll oder schlecht er oder sie die Schule findet, aber man kann ja die Leute, mit denen man täglich im Klassenzimmer hockt, ungefähr einschätzen. Zur Not frag ein bisschen herum, wie die Leute so drauf sind, um rauszufinden, zu welcher Gruppe sie gehören – oder quatsch einfach mal selber mit ihnen.

Bei diesem Tipp geht es einfach darum zu versuchen, deinen Freundeskreis mit korrekten Leuten zu erweitern (wer will das nicht?) und darauf zu achten, dass diese neuen Freunde positiver der Schule gegenüber eingestellt sind als deine jetzigen Freunde, damit du nicht so oft durch dein Umfeld in eine Null-Bock-Stimmung hineingezogen wirst, die du später bereust.

Motivationsvideos

Jeder, der mal ein bisschen Zeit auf YouTube verbracht hat, kennt sie: Motivationsvideos. Hast du schon mal eins geguckt? Wenn ja, lass mich raten. Du sagst jetzt bestimmt: »Die haben bei mir aber nicht langfristig geholfen!«

Ich weiß. Motivationsvideos sind auch nicht darauf ausgelegt, motivierend für 1000 Jahre zu sein. Sie geben dir wie Traubenzucker schnell einen Schub und können dich so aus der Null-Bock-Stimmung rauskatapultieren. Lange hält das nicht an, so wie Traubenzucker auch, der bringt kurz Energie und Schluss. Wenn du aber mal keinen Bock hast, Hausaufgaben zu machen, oder extrem demotiviert bist, etwa Vokabeln zu lernen, sind diese Videos ein super Tool, um dich schnell für einen kurzen Zeitraum zu motivieren (perfekt für Hausaufgaben und Vokabellernen, weil das normalerweise nicht so lange dauert). Dann bist du am nächsten Tag in der Schule glücklich, dass du es geschafft hast, dein Handy wegzulegen und dir noch mal deine Vokabeln anzugucken. Dieses Gefühl bringt dich hoffentlich dann auch nachhaltiger zurück in die Motivation.

Sich bewusst machen, warum man all das macht

Das beste Tool, um aus einer Null-Bock-Stimmung herauszukommen, ist, dich einfach daran zu erinnern, warum du überhaupt zur Schule gehst und dich anstrengst. Stichwort Traumleben. Es passiert oft, dass man nur noch das Notenziel verfolgt und den Grund, WARUM man es erreichen möchte, irgendwann komplett aus den Augen verliert. Genau für solche Momente solltest du dein Traumleben am Anfang dieses Kapitels aufschreiben. Nimm diesen Zettel oder deine Datei auf deinem Handy oder an deinem PC und lies es dir noch mal durch. So wirst du wieder mit dem Grund, warum du all das machst, connected. Es hilft auch, Bilder zu finden, die bestimmte Aspekte deines Traumlebens zeigen, und diese dann an deine Zimmerwand zu hängen oder als Sperrbildschirm oder Hintergrundbild zu benutzen, damit du so oft wie möglich an dein ultimatives Ziel erinnert wirst. Wenn du zum Beispiel davon träumst, auf den Malediven zu leben, suche dir ein Bild von den Malediven heraus und nimm es als Sperrbildschirm, damit du, wenn immer es in der Schule nicht so läuft und Lehrer dich abfucken und du auf dein Handy guckst, dich an dein Ziel erinnerst und dich weiter durchbeißt.

Cookie Jar

Der englische Begriff »Cookie Jar« bedeutet auf Deutsch Keksdose. Du fragst dich jetzt bestimmt, was eine Keksdose mit Motivation zu tun hat. Lass es mich dir erklären:

Dieses Motivationskonzept kommt von dem wohl härtesten Menschen der Welt: David Goggins. Er war früher extrem übergewichtig und hat dann in ein paar Jahren eine verrückte Körpertransformation hingelegt (du willst einen Beweis? Google einfach »David Goggins transformation« und gehe auf »Bilder«.). Für ihn sind Marathons zu einfach, weswegen er Ultra-Rennen mit Längen bis zu 160 Kilometer läuft. Das sind fast vier normale Marathons hintereinander! Immer wenn er während dieser eigentlich unmöglichen Läufe an sich selbst zu zweifeln beginnt und sich fragt: »Warum mach ich das überhaupt?«, benutzt er den Cookie Jar, um sich wieder zu motivieren. Er stellt sich eine Keksdose vor, in der all seine größten Niederlagen drin sind und wie er sie überwunden hat, und genauso Momente, in denen er stolz auf sich war. Wenn er mehr Motivation braucht, öffnet er mental diese Keksdose und holt eine dieser Erinnerungen heraus, um sich daran zu erinnern, was für ein krasser Typ er eigentlich ist. Laut David vergessen wir oft durch die ganze Ablenkung und die unmöglich zu erreichenden

Ideale, die du heutzutage auf jedem zweiten Insta-Bild siehst, wie unglaublich hart und krass wir eigentlich sind und wie viel wir aushalten können. Ein Cookie Jar erinnert dich daran.

Ich würde dir empfehlen, dir in der Realität einen eigenen Cookie Jar zu basteln, in dem du diese Erinnerungen aufbewahrst. Denn es kann manchmal passieren, dass dir bestimmte Erinnerungen im entscheidenden Moment, wenn du mies drauf bist, nicht einfallen. Mit einem physischen Cookie Jar mit echten Zetteln voll mit Erinnerungen kann das nicht passieren. Immer wenn du jetzt keine Lust zum Lernen hast, greifst du einfach in deinen Cookie Jar und holst eine Erinnerung raus. Lies sie dir durch und versuche, dich zu erinnern. Weißt du noch, wie dieses unglaubliche Gefühl war, das du damals hattest? Danach solltest du einen Schub von Motivation bekommen und anfangen zu lernen. So schnell und einfach ist dieser Trick! Wenn du keinen Effekt spürst, nimm dir eine andere Erinnerung.

Auch wenn dir der physische Cookie Jar zu Hause auf dem Schreibtisch sehr gut weiterhilft, kann es passieren, dass du in der Schule mal schnell Motivation brauchst. Dann ist es sinnvoll, dir genau wie David deinen Cookie Jar und deine Erinnerungen mental vorzustellen. Auch wenn es nur in deinem Kopf stattfindet, kann es dir sehr weiterhelfen. David ist der Beweis dafür!

Belohnung

Auch wenn deine intrinsische Motivation (die Motivation, die nur aus dir selbst kommt) am allerwichtigsten ist, wenn du langfristig besser werden möchtest und nicht nur dein diesjähriges Zeugnis, sondern auch die der nächsten Jahre retten möchtest, sind Belohnungen eine gute Alternative, um dich auch von außen (extrinsisch) zu motivieren. Wie könnte so eine Belohnung aussehen?

Als Allererstes könntest du zu deinen Eltern gehen und ihnen vorschlagen, dass du Belohnungen für bessere Noten als Motivation bekommst. Wenn sie zustimmen (was sie zu 99 Prozent werden – sie werden heilfroh sein, dass du was für die Schule tun willst), würde ich als Ziel einfach die Phasenziele nehmen, die du in den nächsten Kapiteln kennenlernen wirst. Als Alternative könntest du auch bestimmte Noten in einzelnen Fächern als Ziel festsetzen. Das könnte dann aber kompliziert werden. Wenn du und deine Eltern euch auf ein Ziel geeinigt habt, müsst ihr euch noch auf eine Belohnung einigen. Wähle irgendetwas, was du dir wirklich wünschst, sodass eine starke zusätzliche Motivation entsteht, dieses Ziel wirklich zu erreichen. Haltet das alles am besten in einem Vertrag fest, den du und deine Eltern unterschreiben. Dann kannst du dir diesen Vertrag in dein Zimmer hängen und du weißt immer, wofür du dich gerade noch mal aufraffst, wenn du zum Beispiel noch Hausaufgaben machen musst.

Deine Eltern wollen da nicht mitmachen? Dann überleg dir selber, womit du dich belohnen kannst. Für Belohnungen brauchst du nicht unbedingt viel Geld – sei kreativ!

Ich hoffe, du hast nach diesem Kapitel eine Zielsetzung und eine Motivation, diese zu verfolgen, weil hinter diesem Ziel dein Traumleben steht – und nicht nur deine Eltern, Lehrer und die Gesellschaft, die dir einreden: »Du MUSST gute Noten schreiben!!«

Zusammenfassung für Faule

1. Finde heraus, wie dein Traumleben und dein Horrorleben aussehen.

2. Mach dir klar, dass du für dein Traumleben einen guten Abschluss brauchst.

3. Finde heraus, welches Notenziel und welchen Abschluss du brauchst, um dein Traumleben Realität werden zu lassen.

4. Benutze dein Traumleben als Motivation, um das nötige Notenziel zu erreichen.

5. Sei kein schlechter oder guter Schüler, sondern ein cleverer Schüler und benutze die Tipps und Tricks aus diesem Buch.

6. Handele mit deinen Eltern eine Belohnung aus, die du zum Beispiel für Noten auf dem Zeugnis bekommst oder dann, wenn du 30 Tage lang jede Hausaufgabe gemacht hast.

Entscheidende Konzepte, die du verstehen musst

Bevor ich anfange, dir zu zeigen, wie du in drei Phasen meine Tipps und Tricks in deinen Alltag integrieren kannst und zu einem cleveren Schüler wirst, möchte ich dich mit fünf entscheidenden Konzepten für deinen schulischen Erfolg bekannt machen. In den Interviews mit den besten Schülern Deutschlands hat sich herauskristallisiert, dass die mündliche Mitarbeit, die Lehrer-Schüler-Beziehung, dein Lernen (ja, ganz ohne geht es halt nicht), deine Mitschüler und deine mentale Einstellung die wichtigsten Aspekte sind, wenn du dich in der Schule verbessern möchtest. In diesem Kapitel werde ich diese fünf Konzepte vorstellen und erklären, warum sie so wichtig sind.

Mündliche Mitarbeit

Die besten Schüler waren sich ziemlich einig, dass die mündliche Mitarbeit das wichtigste Tool ist, um mit wenig Aufwand besser in der Schule zu werden. Wenn ich von mündlicher Mitarbeit spreche, meine ich deine Beteiligung im Unterricht in Form von Meldungen und Beiträgen, Vorträgen, Gruppenarbeiten oder auch Hausaufgaben. Einfach gesagt: alles außer benoteten Arbeiten/Klausuren.

Was macht jetzt die mündliche Mitarbeit so unglaublich besonders?

1. Erfordert keine große Anstrengung

Zuallererst musst du eh im Unterricht sein. In Deutschland gibt es die Schulpflicht und wenn du nicht zur Schule gehst, werden deine Eltern ins Gefängnis gesteckt. Natürlich ist das ein wenig übertrieben (in Deutschland steht auf die Verletzung der Schulpflicht nur Bußgeld). Wir alle kennen den einen Schüler, der sich nur einmal in der Woche in der Schule blicken lässt und dessen Eltern noch auf freiem Fuß sind. Solange du kein Hardcore-Schwänzer bist (was ich echt nicht hoffe), sitzt du, wenn nichts Außergewöhnliches passiert, fünf Tage die Woche um 8 Uhr in der Schule und musst dort mehrere Stunden bleiben. Es wäre schön dumm von dir, wenn du die ganze Zeit, die du eh in der Schule sein musst, nicht dazu nutzen würdest, dich ein paarmal zu melden und so was für deine Noten zu tun. Die Alternative ist, zu Hause umso mehr lernen zu müssen, weil du erstens nicht aufgepasst hast und alles nachholen musst, und zweitens die schlechte mündliche Mitarbeit wiedergutmachen musst. Dazu bin ich für meinen Teil schon mal zu faul.

Denk einfach daran, dass du ja eh im Unterricht sitzen musst, egal, ob du willst oder nicht. Warum sich dann nicht einfach ein wenig beteiligen, anstatt rumzuträumen oder am Handy zu chillen? Auch wenn sich das erst mal komisch anhört: Ich verspreche dir, dass dir Schule deutlich mehr Spaß macht, wenn du dich öfter meldest und wirklich im Unterricht dabei bist. So geht auch die Zeit viel schneller vorbei. Du hast bestimmt schon erlebt, dass eine Stunde bei einem Lehrer, der seinen Unterricht interessant gestaltet, viel schneller vorbeigeht als bei einem Lehrer, bei dem du kurz vor dem Einschlafen bist. Wenn du im Unterricht aktiv bist, anstatt nur das Ende der Stunde abzuwarten, hat das den gleichen Effekt.

Natürlich hat jeder mal Tage, an denen er wenig Bock hat, sich im Unterricht zu melden (wenn du zum Beispiel ein Fach oder einen Lehrer hast, dessen Unterricht dich einschlafen lässt), aber dann musst du dich so motivieren, dass du weiter durchziehst (denk an deine Traumzukunft!).

2. Es ist einfach

Hand aufs Herz: Ich wette, dass du meistens die Antwort auf die Fragen im Unterricht weißt, aber einfach zu faul bist, dich zu melden. Du musst wirklich kein Einstein sein, um dich zu melden. Viele Fragen, die Lehrer im Unterricht stellen, sind eher einfach, da geht es nur darum, Informationen, die ein paar Minuten vorher erklärt wurden, noch mal abzufragen, damit der Lehrer checken kann, ob die Schüler das Thema verstanden haben oder er es noch mal erklären muss.

Bestimmt denkst du jetzt, dass das mit dem Melden viel zu anstrengend ist, weil du ja doch meistens dann nicht drangenommen wirst, und wenn du dann endlich drankommst, stellt dein Lehrer vielleicht noch tausend Nachfragen, die du nicht beantworten kannst, weil du dich eigentlich nur für eine Frage gemeldet hast (so ein Verhalten von Lehrern finde ich auch blöd!). So doof diese

Situation auch sein kann: Erstens stellen zum Glück nur wenige Lehrer ständig weitere Nachfragen und zweitens ist mündliche Mitarbeit die einfachste Möglichkeit, ohne wirklich Fachwissen zu haben (weil vieles eben einfach nur eine Abfrage des Gesagten ist), eine gute Note zu bekommen.

Die mündliche Note beeinflusst massiv die Note, die am Ende auf deinem Zeugnis steht. Nur mit guten Klausuren kriegst du keinen guten Schnitt. Und eine gute mündliche Note ist wirklich billig zu haben. Auch wenn du nur einfache Fragen beantwortest, bekommst du Pluspunkte und hast einen Teil deiner Zeugnisnote schon abgesichert. Also sei nicht faul und melde dich einfach ein paarmal in der Stunde. Im Vergleich zu Klausuren/Arbeiten ist das echt eine megaeinfache Möglichkeit, gute Noten zu bekommen oder schlechte Noten in Klausuren/Arbeiten auszugleichen!

3. Mündliche Mitarbeit ist wichtiger als Arbeiten/Klausuren

Die mündliche Note macht in vielen Bundesländern bis zu 50 Prozent der Fachnote aus, es können sogar 60 Prozent sein; nur der Rest der Note bezieht sich auf deine Leistungen in den Arbeiten/ Klausuren. Viele der besten Schüler Deutschlands, die ich interviewt habe, sagten, dass diese Aufteilung in der Wirklichkeit so nicht stimmt. Sie meinten, dass eher ein Verhältnis von 70 Prozent für mündliche Mitarbeit und 30 Prozent für schriftliche Arbeiten/ Klausuren akkurat ist. Wie kommt das?

Wenn du im Unterricht aufpasst und mitmachst, lernst du 70 bis 80 Prozent des Stoffes, den du für deine Klausur brauchst, schon in der Schule. Natürlich ist das von Thema zu Thema unterschiedlich und auch deine Fähigkeit, neues Wissen aufzunehmen, spielt da eine Rolle, aber im Großen und Ganzen hast du auf jeden Fall durch gute Mitarbeit schon ordentlich was geschafft. Auch, wenn du nur 50 Prozent in der Schule verstehst, wirst du, sobald du aufmerksam bist und auch versuchst, deine Verständnislücken zu schließen, vor Klausuren viel weniger zu Hause lernen müssen. So hast du mehr Freizeit und kannst Dinge machen, die dir mehr Spaß machen als die Schule.

Auch wenn du dieses Buch liest, weil du von deinen Eltern gezwungen wurdest und eigentlich wirklich null Bock auf Schule hast: Das ist wirklich ein Tipp, der dir helfen wird. Mach in der Schule einfach mündlich mit, weil du eh da sein musst, und chill zu Hause, weil du alles schon verstanden hast. Egal, ob du ein 1,0er-Abi machen möchtest oder keinen Bock auf die Schule hast: Sobald du dich mündlich mehr einbringst, wirst du verblüfft sein, wie wenig du vor deiner nächsten Klausur lernen musst und wie viel mehr Freizeit du auf einmal hast.

4. Du hast weniger Konkurrenz

Was ist die größte Fehlannahme zur Bewertung in der Schule? Richtig, dass die Noten, die du in der Arbeit/Klausur bekommst, am meisten Einfluss auf die Note haben, die später auf deinem Zeugnis steht. Das hatten wir gerade schon. Wegen dieser Fehlannahme denken die meisten: »Im Unterricht muss ich nur die Zeit absitzen und mich nicht beteiligen, weil das Wichtigste die Arbeiten/Klausuren sind, und dann werde ich davor ein wenig lernen.« Dass das Blödsinn ist, weißt du schon. Zusätzlich bedeutet das aber auch, dass es bei der mündlichen Beteiligung viel weniger Konkurrenz als beim schriftlichen Teil gibt, wodurch es viel einfacher ist, mit wenig Aufwand eine gute Note zu bekommen. Denn bei den Arbeiten/ Klausuren gibt es immer irgendwelche Streber, die eine 1 schreiben, und die sind dann natürlich der Maßstab für die Bewertung des Lehrers und du kannst schon gar keine 1 mehr kriegen, selbst wenn du auch ganz gut warst. Bei der mündlichen Mitarbeit ist das anders, da wird nicht auf diese Weise verglichen und die Streber, die eine 1 geschrieben haben, strengen sich häufig nicht so sehr an, weil sie sich auf ihre guten schriftlichen Noten verlassen; manche sind auch schüchtern. Wenn du dich also ein paarmal pro Stunde meldest und nicht nur Blödsinn redest, wenn du drankommst, wirst du auf einmal zu den mündlich Besten gehören.

5. Deine Lehrer-Schüler-Beziehung wird besser

Mündliche Mitarbeit verbessert auch die Lehrer-Schüler-Beziehung – zu diesem Thema kommen wir gleich noch mal ausführlicher. Wir sind uns doch bestimmt einig, dass der Eindruck des Lehrers vom Schüler Einfluss auf die Note hat, oder? Okay, gut. Wenn der Lehrer dich also sympathisch findet, wird er dir eine bessere Note geben, als wenn du ihn immer abfuckst. Um diese Sympathie ohne Schleimen zu bekommen, ist einfach mündlich gut mitzumachen ein einfacher Weg.

Du kennst das bestimmt, wenn sich auf die Frage des Lehrers keiner meldet. Das nervt und frustet den Lehrer extrem, da er dann seinen Unterricht nicht voranbringen kann und Lehrer immer einen sehr strikten Lehrplan (also vorgeschriebene Themen, die sie im Schuljahr behandeln müssen) haben, der ihnen im Nacken sitzt. Außerdem ist es so oder so frustig, sich Mühe zu geben als Lehrer, und dann kommt von den Schülern gar nichts. Würde mich vermutlich auch nerven, wenn ich Lehrer wäre. Wenn du also immer halbwegs aktiv dabei bist und mit Beiträgen den Unterricht nach vorne bringst, wird dich der Lehrer sehr sympathisch finden – eigentlich mögen Lehrer jeden, der einigermaßen mitmacht. So bekommst du dann durch einen Effekt, den man Halo-Effekt nennt, eine bessere Note.

Ich hoffe, du siehst ein, wie krass die mündliche Mitarbeit sein kann und dass du viel weniger Sorgen in der Schule und viel mehr Freizeit nach der Schule haben wirst, wenn du sie clever einsetzt.

Lehrer-Schüler-Beziehung

Vielleicht hast du das ja schon erlebt: Du hast dich das ganze Jahr in einem Fach halbwegs angestrengt und dich in den Klausuren auch ganz gut geschlagen. Deine Freundin, die das ganze Jahr neben dir saß, hat jetzt nicht gar nichts gemacht, aber sich bei Weitem nicht so angestrengt wie du. In den Arbeiten/Klausuren warst du immer um eine Note besser. Als sie ihr Zeugnis ausgehändigt bekommt, lächelt sie die Lehrerin an; sie hat sie schon seit ein paar Jahren und sie kommen gut miteinander klar. Dann bist du an der Reihe. Du gehst nach vorne und nimmst dein Zeugnis entgegen. Du setzt dich mit deiner Freundin hin, um eure Noten zu vergleichen. Du hast in dem Fach dieser Lehrerin eine 2– und deine Freundin eine 2+. Wie kann das sein?

Der Grund ist, dass sie sich mit der Lehrerin gut versteht. Wir kennen alle das unsportliche Mädchen, das immer wie durch ein Wunder vom Sportlehrer eine passable Note bekommt, obwohl sie jeden Ball fallen lässt. Oder den Streber mit den zwei linken Händen, der in Kunst trotzdem besser abschneidet als man selber. Woran liegt das? Am Halo-Effekt.

Was das ist? Ich habe dir mal die wissenschaftliche Definition herausgesucht. (Sorry. Das ist die einzige wissenschaftliche Definition, die du in diesem Buch finden wirst. Versprochen! ☺) Der Halo-Effekt, übersetzt Heiligenschein-Effekt, ist ein »systematischer Fehler der Personenbeurteilung (Urteilsfehler), bei dem ein einzelnes Merkmal [Sympathie, Aussehen, besondere Fähigkeiten et cetera] einer Person so dominant wirkt, daß andere Merkmale in der Beurteilung dieser Person sehr stark in den Hintergrund gedrängt bzw. gar nicht mehr berücksichtigt werden. Darüber hinaus wird ausgehend von dem gewählten Merkmal auf weitere positive Eigenschaften der Person geschlossen, ohne dass hierfür eine objektive Grundlage vorliegen muß.«[1]

Zu viel Fachchinesisch? Okay, kein Ding. Ich versuche es noch mal in einfachen Worten: Der Halo-Effekt ist eine wissenschaftlich bewiesene Fehleinschätzung. Menschen, die Merkmale oder Fähigkeiten haben, die uns beeindrucken, können uns blind gegenüber ihren Schwächen und Fehlern machen. Wir denken, diese Person wäre unglaublich toll und hätte keine wirklichen Schwächen, auch wenn das komplett falsch ist. Zum Beispiel sind gut aussehende Menschen uns häufig spontan sympathisch, auch wenn wir noch nie mit ihnen gesprochen haben, oder wir glauben, Fußballprofis seien Alleskönner, auch wenn sie meistens in anderen Bereichen als Fußball unterdurchschnittlich sind.

Genau dieser Effekt tritt auch in der Schule häufig auf. Deine Freundin, die eine bessere Note als du bekommt, obwohl sie weniger macht, ist das perfekte Beispiel. Deine Lehrerin kennt sie schon länger und findet sie sympathisch. Das ist das Merkmal, das so dominant wirkt, dass es einen Urteilsfehler hervorruft. Die Lehrerin hat den Eindruck, dass diese ihr sympathische Schülerin immer gut mitmacht. Dadurch bekommt sie am Ende eine bessere Note als du. Lehrer können sich nicht merken, wie oft sich 30 einzelne Schüler in allen Stunden im Jahr gemeldet haben. Nur die allerwenigsten machen sich nach den Stunden regelmäßig dazu Notizen. Es geht also bei der Notenvergabe häufig mehr darum, welches generelle

---

1   https://www.spektrum.de/lexikon/psychologie/halo-effekt/6232

Bild sie von dir haben. So kommt es auch, dass Topschüler oft in Fächern gute Noten bekommen, in denen sie jetzt nicht soo toll sind. Einfach weil kein Lehrer sich vorstellen kann, dass sie auch in irgendwas nicht so gut sind.

Den Halo-Effekt gibt es aber auch leider im Negativen. Dann heißt er »Horn-Effekt«, übersetzt »Teufelshörner-Effekt«. Der ist genauso schlimm, wie er sich anhört. Wenn dein Freund Nico einmal in der Klausur gespickt hat und es so auffällig gemacht hat, dass er erwischt wurde, aktiviert er den Teufelshörner-Effekt beim Lehrer. Jetzt assoziiert dein Lehrer Nico mit »Schummler«. Dieses Merkmal überstrahlt alle anderen Merkmale, aber nicht wie beim Heiligenschein-Effekt positiv, sondern negativ. Das bedeutet, Nico wird vermutlich, egal, wie sehr er sich in den nächsten Monaten anstrengt, am Ende eine schlechtere Note bekommen, als er verdienen würde, da der Urteilsfehler den Lehrer denken lässt, dass Nico generell ein schlechter Schüler ist und ein Betrüger obendrein.

Ich hoffe wirklich für dich, dass du noch nicht Opfer des Teufelshörner-Effekts geworden bist, denn es ist echt schwer, diesen Effekt wieder umzudrehen. Da musst du echt Arbeit reinstecken.

Beide Effekte, positiv wie negativ, können einen riesigen Einfluss auf deine Note haben, denn am Ende macht deine Noten – der Lehrer. 90 Prozent der besten Schüler Deutschlands haben mir zugestimmt, dass Lehrer nicht wirklich objektiv – also fair – benoten, da sie auch nur Menschen sind und Urteilsfehler machen. Deswegen ist es extrem wichtig, dass du lernst, den Heiligenschein-Effekt, also den positiven Halo-Effekt, auszunutzen und den Teufelshörner-Effekt, also den negativen Halo-Effekt, so gut wie möglich vermeidest. Wenn du das schaffst, wirst du vielleicht bei der nächsten Notenbesprechung verblüfft dasitzen, wenn der Lehrer dir auf einmal eine bessere Note geben will, als du dir selber geben würdest (ist mir selbst mehr als einmal schon passiert und der Moment ist echt unglaublich ☺).

Bevor du sagst: »Ich werde nie im Leben ein Schleimer werden!!«

Du musst kein verdammter Schleimer werden, um den Halo-Effekt zu nutzen. Schleimen ist sogar schlecht, weil Lehrer erstens im Allgemeinen nicht doof sind und so was merken und zweitens sich sehr gut an ihre Schulzeit erinnern können und wissen, wie sie damals die Schleimer aus ihrer Klasse gehasst haben. Fürs Schleimen sind die wenigsten Lehrer empfänglich. Das Wichtigste, um den positiven Halo-Effekt zu nutzen, ist, einfach authentisch zu sein und Lehrer wie normale Menschen zu behandeln, freundlich und höflich. Es gibt extrem viele Schüler, die in der Schule fake sind. Nicht nur gegenüber den Mitschülern, sondern auch gegenüber den Lehrern. Manche verhalten sich plötzlich ganz anders als vor ihren Freunden, sobald der Lehrer das Zimmer betritt, und werden die größten Schleimer. Das andere Extrem gibt es aber auch – draußen auf der Straße sind die Typen ultranett zu anderen, aber sobald ein Lehrer in den Raum kommt, machen sie nur Stress.

Wenn du als eine/r der wenigen den Lehrer genauso behandelst, wie du deine anderen Mitmenschen behandelst, also freundlich und mit Respekt, solange sie dir keinen Grund geben, keinen Respekt mehr zu haben, und auch mal mit Humor, wird der positive Halo-Effekt sehr schnell kommen. Humor bedeutet nicht, dass du bei jedem grottenschlechten Witz lachst, bist du nach Luft schnappst, sondern dass du einfach mal aus der Situation heraus zu deinem Lehrer etwas Lustiges sagst (ganz wichtig: Keine Witze auf Kosten des Lehrers – wer den Lehrer bloßstellt, hat schlechte Karten!). Wir sind uns doch einig, dass so was nicht schleimen ist, oder? Okay, gut.

Lernen

Dieses Buch wird dir viele Wege zeigen, wie du es schaffst, weniger zu lernen, aber dennoch besser in der Schule zu werden. Ganz ohne geht es aber leider auch nicht. (Sorry!)

Warum ist Lernen so wichtig?

Auch wenn einem als Schüler durch den Lehrplan und manche Lehrer der Spaß am Lernen abgewöhnt wird, ist die Fähigkeit zu lernen extrem wichtig im Leben. Denn du lernst eigentlich die ganze Zeit, wenn du von dem Gedanken wegkommst, dass Lernen nur darin besteht, sich vor ein Buch zu setzen und etwas auswendig zu lernen. Der Mensch ist dafür geschaffen, ständig zu lernen. Wenn wir auf die Welt kommen, können wir nicht mal unseren Kopf selbst halten. Vom Moment unserer Geburt an lernen wir alles, was wir heutzutage als selbstverständlich ansehen, wie zum Beispiel sprechen, laufen, auf die Toilette gehen, essen et cetera. Kinder sind extrem lernwillig und möchten alles erkunden und wissen. Kinder lernen noch mit Begeisterung, im Gegensatz zu den Erwachsenen wurde ihnen der Spaß am Lernen noch nicht abgewöhnt.

Was, wenn du überhaupt keinen Spaß am Lernen hast?

Jeder Mensch lernt gerne beim richtigen Thema. Wenn du zum Beispiel davon begeistert bist, selbst YouTube-Videos zu machen, wirst du extrem gerne mehr darüber lernen, welches Equipment du dafür brauchst, wie man ein Video strukturiert und aufnimmt oder wie YouTube als Plattform überhaupt funktioniert.

Was hat das mit der Schule zu tun? Um dein Traumleben zu erreichen, musst du ja einen bestimmten Abschluss mit einem bestimmten Notendurchschnitt erreichen, das hatten wir schon. Und um dieses Notenziel zu schaffen, musst du auch ein wenig lernen, zum Beispiel vor Klausuren. Natürlich kannst du diese Lernzeit durch aktive mündliche Mitarbeit verkleinern, aber du wirst nie darum herumkommen, dich vor der Arbeit/Klausur hinzusetzen und dir zumindest alles noch mal anzugucken.

Um die Lernzeit so klein wie möglich zu halten, sodass du so schnell wie möglich wieder Sachen machen kannst, die dir Spaß machen, empfehle ich dir, die Tricks, die du im nächsten Kapitel zum Lernen erfahren wirst, wirklich anzuwenden. Dein Ziel sollte sein, so kurz und effektiv wie möglich zu lernen, alles schnell zu checken und dann frei von der Schule zu haben.

Lernen muss nicht immer eine Qual sein. Und es wird noch besser: In den nächsten Kapiteln werde ich dir zeigen, wie du den Lernaufwand so klein wie möglich halten kannst!

Mitschüler

Jeder Schüler weiß, wie wichtig es ist, was die anderen von einem denken. Sobald irgendwer sagt: »Was hat der denn da an?«, oder: »Was für eine Streberin!«, fühlst du dich sofort extrem angegriffen, auch wenn das nur irgendeine Person sagt, die dich gar nicht richtig kennt. Eigentlich sollte dich so eine Aussage gar nicht jucken. Warum tut sie es dennoch?

Der Grund für dieses Verhalten ist, dass wir Menschen »Rudeltiere« sind. Wir leben in einer Gemeinschaft und haben eine extrem alte Angst in uns drin, ausgestoßen zu werden, weshalb wir versuchen, beliebt zu sein und der Gruppe keinen Grund zu geben, uns auszuschließen. Deshalb greift es dich besonders an, wenn jemand etwas Schlechtes über dich sagt; du fühlst dich ausgegrenzt, und allein zu sein, hätte vor einigen Tausend Jahren deinen Tod

bedeutet. Das ist auch der Grund, weshalb jeder »cool« sein und da-
zugehören möchte. Je höher dein Status innerhalb einer Gemeinschaft ist, desto unwahrscheinlicher ist es, dass du ausgestoßen
wirst. Diese Angst ist der Grund dafür, dass du immer überlegst,
wie du in der Schule wirkst. Wenn der Lehrer fragt, ob irgendwer
einen Vortrag machen möchte und du wirklich Lust hast, über ein
interessantes Thema ein Referat zu halten, kommt diese Angst
und du fragst dich: »Wie werden meine Mitschüler darüber denken, wenn ich mich jetzt freiwillig melde? Werden sie denken, ich
wäre ein Streber? In den meisten Fällen wirst du wegen dieser Gedanken dich gegen einen Vortrag entscheiden, weil diese veraltete
Angst vor Ausgrenzung einfach zu stark ist. So lässt du nicht nur
oft Chancen liegen, einfach deine Note zu verbessern. Es tut kei-
nem gut, sich ständig unter Beobachtung zu fühlen und bei jeder
Entscheidung sich selbst infrage zu stellen und sich zu fragen, was
die anderen denken werden.«

Das muss aber nicht für immer so sein. Wenn du die folgenden
Schritte befolgst, wirst du aus dieser alten Angst ausbrechen und
endlich wieder ohne Druck Entscheidungen treffen können. Der
allererste Schritt ist, dass du dir bewusst machst, warum du überhaupt cool und beliebt sein möchtest. Das ist dir jetzt hoffentlich
schon klar. Der zweite Schritt ist, zu verstehen, dass cool zu sein
und sich an die Allgemeinheit anzupassen der schlechteste Weg ist,
beliebt zu werden und gute (echte) Freunde zu haben. Heutzutage
ist das neue »Coolsein«, authentisch zu sein. Es gibt Hunderte Leute, die versuchen, cool zu wirken, und sich dabei verstellen. Du bist
aber einzigartig. Wenn du versuchst, du selber zu sein, und auch
mal zu bestimmten Dingen »Nein« sagst, die du nicht gut findest,
bekommen deine Mitschüler Respekt vor dir. Denn sie sind selber
im Zwiespalt, weil sie tief drinnen wissen, dass gewisse Dinge, die
sie machen, nicht gut sind oder einfach nicht zu ihnen passen, aber

sie trauen sich nicht, authentisch zu sein, weil sie Angst haben, gemobbt zu werden.

Sobald es dir egal ist, was andere Menschen über dich denken, und du dein eigenes Ding durchziehst, passieren folgende Dinge: Erstens: Anstatt dass Leute sich abwenden, wollen extrem viele Leute mit dir befreundet sein, weil du so mutig bist, du selbst zu sein, was sie nicht schaffen. Zweitens: Du bekommst echte Freunde, die dich so mögen und akzeptieren, wie du bist, sodass du nicht 24/7 eine Fake-Show abziehen musst, weil du Angst hast, dass deine Freunde dich nicht mehr mögen, wenn du dein wahres Gesicht zeigst. Drittens: Du wirst viel glücklicher sein als deine Mitschüler, weil du du selber bist und nicht zwischen »cool sein« und »authentisch sein« hin- und hergerissen bist. Authentisch sein ist viiiel besser für dich und die Menschen um dich herum.

Mindset

Was heißt überhaupt Mindset? Es ist ein Begriff, der beschreibt, mit welcher Brille du die Welt siehst, wie du programmiert bist, auf gewisse Situationen zu reagieren. Wie reagierst du beispielsweise auf ein negatives Ereignis: Bist du den ganzen Tag down und denkst nur darüber nach, wie das passieren konnte, und ärgerst dich, oder sagst du: »Shit happens«, und hakst es ab oder versuchst, daraus zu lernen? Diese beiden Ansätze zeigen zwei verschiedene Mindsets.

Gerade wenn du zu den Schülern gehörst, die nicht so gerne in die Schule gehen, denkst du dir, wenn du zum Beispiel in der letzten Stunde Vertretung hast, wahrscheinlich: »Was ist das für eine Scheiße! Warum entfällt die Stunde nicht einfach und ich bin früher zu Hause?!« Als Alternative könntest du aber auch denken: »Ja, frei wäre besser gewesen, aber zumindest kann ich in der Vertretungsstunde schon mal meine Hausaufgaben machen.« Das positivere Mindset ist viel besser für dich, weil du so die Schule nicht als Gegner betrachtest und gleichzeitig viel glücklicher bist, weil kein Mensch Spaß an einem Leben hat, in dem er sich immer aufregt und alles negativ sieht. Sich ständig zu ärgern kostet extrem Energie, und die brauchst du echt für was anderes. Außerdem macht es schlechte Laune. Mit einer positiven Einstellung ist Schule gleich viel angenehmer.

Ich werde versuchen, in jeder der Phasen, die ich dir erklären werde, dein Mindset langsam zu verändern, sodass du am Ende der letzten Phase Schule nicht mehr als Qual, sondern als einen Ort ansiehst, wo du einerseits hingehen musst, aber andererseits auch häufiger Spaß haben wirst.

Zusammenfassung für Faule

1. Die mündliche Mitarbeit ist der einfachste und schnellste Weg, um in der Schule besser zu werden, weil du ja eh in der Schule sitzen musst, es einfach ist, sich zu beteiligen, und die mündliche Beteiligung mehr Einfluss auf deine Zeugnisnote hat als deine schriftlichen Noten.

2. Die Lehrer-Schüler-Beziehung ist sehr wichtig, weil Lehrer nicht objektiv und völlig frei von ihren individuellen Sympathien bewerten können. Das heißt nicht, dass du ein Schleimer werden sollst, sondern dass du deinen Lehrer einfach als normalen Menschen ansiehst und entsprechend behandelst.

3. Ganz ohne Lernen geht es auch nicht.

4. »Cool sein« ist überwertet und schädlich für dich. Wenn du authentisch bist, wirst du viel beliebter und glücklicher.

5. Du wirst ein viel einfacheres Leben haben, wenn du eine positive mentale Einstellung (Mindset) hast und immer das Beste aus Situationen machst.

Die Phasen

Nachdem wir die wichtigsten Grundlagen abgehandelt haben, kommen wir jetzt zum Herzstück dieses Buches: zu den Phasen.

Da es schwer (wenn nicht unmöglich) ist, sich von einem auf den anderen Tag einmal um 180 Grad zu verändern, habe ich dieses Buch in drei Phasen aufgebaut. Wenn du zu viel auf einmal ändern willst, ist die Wahrscheinlichkeit extrem hoch, dass der Sprung zu groß ist und du dir sagst: »Scheiß drauf.« Darum machen wir es Schritt für Schritt. In der ersten Phase bringen wir dich erst mal von 0 auf 30, dann in der zweiten Phase von 30 auf 70 und in der dritten Phase von 70 auf 100. In jeder Phase bekommst du realistische und für dieses Stadium hilfreiche Tipps und Tricks an die Hand, die dir helfen, die jeweilige Phase abzuschließen und dich für die nächste zu qualifizieren. Denn es gibt am Ende jeder Phase ein Ziel, das du erreichen musst, um die Phase zu bestehen – ähnlich wie in einem Videospiel, in dem du erst Level 1 schaffen musst, bevor du in Level 2 kommst.

Wie schon in der Einleitung erwähnt, sind die Tipps und Tricks, die du in den jeweiligen Phasen erfährst, keine zufälligen Erfindungen, die mir in einer langweiligen Mathestunde eingefallen sind, sondern sie stammen von fast hundert der besten Schüler Deutschlands. Also nimm sie ernst, denn sie haben nachweislich schon bei sehr vielen Schülern funktioniert. In jeder Phase gibt es ein Paket von Tipps, die aufeinander abgestimmt sind und dir helfen werden, dich auf ein neues Level zu bringen und das Phasenziel zu erreichen. Sie umfassen alle ausschlaggebenden Bereiche in der Schule. In der ersten Phase wird ein gutes Fundament geschaffen, auf das in den folgenden Phasen Schritt für Schritt aufgebaut wird.

Jetzt weißt du, was dich auf den nächsten Seiten erwartet. Ich würde sagen: Let's go!

Phase 1

Das Phasenziel für Phase 1 ist, dass du dich pro Woche in jeder Stunde entweder zwei- bis dreimal meldest oder einmal drangenommen wirst. Außerdem wird es dein Ziel sein, ein Fach zu wählen, das dir Spaß macht (sag nicht, du hast keins. Jedem macht zumindest ein Fach ein wenig Spaß); in diesem Fach versuchst du, auf dem nächsten Zeugnis oder im nächsten Quartal eine Notenstufe besser zu werden.

In dieser Phase geht es vor allem darum, Grundlagen zu legen, sodass du in Phase 2 und Phase 3 eine solide Ausgangslage hast, um die Tipps und Tricks aus diesem Buch erfolgreich anzuwenden. Ich zeige dir, wie du dieses Ziel erreichen kannst. Viel Spaß!

Mache Sport

Du denkst jetzt bestimmt: »Ist das jetzt ein Fitnessbuch oder ein Buch über die Schule?!« Auch wenn es sich erst mal komisch anhört, hängen deine Fitness und die Schule eng zusammen. Warum ist das so? Für die Schule brauchst du Ausdauer und ein starkes Mindset. Beides bekommst du durch eine gute Fitness.

Sport ist gesund, den Spruch kennst du garantiert, und er stimmt halt auch. Immer nur in der Schule sitzen und auf dem Sofa und Bett hängen ist einfach Mist und macht auf Dauer sogar krank. Mal ehrlich: Wer will schon so eine Couch-Potato sein, die nicht mal die Treppe in der Schule hochkommt, ohne zu keuchen wie ein Nilpferd? Ist doch peinlich, oder? Wer sportlich ist, der fühlt sich wohl in seiner Haut, hat mehr Kraft und Energie und auch mehr Spaß am Leben – denn körperliche Bewegung schüttet Glückshormone aus. Sport ist also eine Art legales Doping für die Laune.

Sport macht nicht nur körperlich, sondern auch geistig leistungsfähiger. Wenn du nur Schulsport machst und deshalb nicht wirklich fit bist, ist das nicht nur schlecht für deine Sportnote, sondern es wird für dich auch viel anstrengender sein, einen langen Schultag bis zum späten Nachmittag gut zu überstehen und dich zu konzentrieren. Das bedeutet, dass du automatisch weniger aufpassen kannst und deshalb vor den Klausuren/Arbeiten mehr lernen musst. Außerdem werden lange Schultage für dich so anstrengend sein, dass du den Rest des Tages nur im Liegen verbringen willst, weil deine wenige Energie während des Schultages aufgebraucht wurde. Auch irgendwie nicht so toll.

Auch für ein starkes Mindset ist eine gute Fitness wichtig. Wenn du Sport machst, wird es auch Momente geben, in denen du dich anstrengen und durchhalten musst, zum Beispiel wenn du im Gym eine bestimmte Anzahl Wiederholungen machen willst oder dir beim

Joggen eine bestimmte Strecke vorgenommen hast. Egal, wie viel Spaß dir deine Sportart macht, es gibt immer Tage, an denen du dich durchbeißen musst. Dafür kennst du aber das fantastische Gefühl, wenn du das, was du dir vorgenommen hast, dann auch schaffst. Wenn du regelmäßig Sport machst, wirst du also immer wieder Dinge machen, die dein Körper eigentlich nicht so gerne machen möchte. Dadurch bringst du deinem Unterbewusstsein bei, dass deine rationale Entscheidung, etwas bis zum Ziel durchzuziehen, besser ist als die Verlockung, vorher aufzuhören und dann nur faul rumzuhängen. Sich zusammennehmen und etwas durchziehen können ist prinzipiell eine nützliche Eigenschaft. Das hilft dir auch bei Verlockungen wie bergeweise Süßigkeiten oder Tiktok statt Lernen.

Wenn du es schaffst, durch sportliches Training ein starkes Mindset und ein gutes Durchhaltevermögen aufzubauen, wirst du es in der Schule und im Leben viel einfacher haben als die meisten deiner Klassenkameraden. Denn unser Leben besteht aus einer Menge Ablenkungen, zum Beispiel in Form von Social Media und x anderen Dingen. Wenn du es aber in der Schule schaffst, durchzuziehen und aufmerksam zu sein, und durch dein starkes Mindset der Verlockung widerstehst, an dein Handy zu gehen oder ständig mit deinem Nachbarn zu quatschen, musst du als Belohnung nach der Schule nichts mehr machen. Wenn du ein schwaches Mindset hast, wirst du in der Schule die ganze Zeit an deinem Handy chillen oder aus dem Fenster gucken, wodurch du allerspätestens vor der Klausur/Arbeit extrem viel lernen musst. Und unter uns gesagt: Oft fühlt man sich nach drei Stunden Social Media abends auch nicht wirklich glücklich, weil man nur irgendwie die Zeit verplempert hat und eigentlich weiß, dass zu viel Social Media nicht gut ist. Sport auf der anderen Seite macht dich extrem glücklich und du kannst hinterher stolz auf dich sein, dass du dich überzeugen konntest, zum Beispiel 30 Minuten laufen zu gehen.

Versuche deshalb, alle zwei Tage dein Handy am Nachmittag oder Abend für 30 Minuten wegzulegen und irgendeine Art von Sport zu machen, der dich körperlich anstrengt. Nach einem Monat wirst du die Veränderungen bemerken. Versprochen!

Schlaf genug

Du bist erst gestern Nacht aus dem Urlaub zurückgekommen, du hast bis fünf Uhr morgens den Super Bowl geguckt oder du hast last minute für die Arbeit/Klausur am nächsten Tag bis vier Uhr durchgelernt. Jeder hat irgendwann mal todmüde in der Schule gesessen.

Wie war der Schultag so für dich? Hat er Spaß gemacht? Konntest du gut aufpassen und hast viel gelernt? Sehr wahrscheinlich nicht! Das liegt daran, dass dein Körper im Schlaf runterkommt und sich über Nacht regeneriert. Durch deine körperliche Inaktivität während des Schlafs kann dein Gedächtnis die Eindrücke des Vortages richtig einsortieren und abspeichern (also vom Kurzzeit- ins Langzeitgedächtnis verschieben). Deine Muskelzellen erneuern sich, wenn du zum Beispiel am Abend zuvor trainiert hast. Außerdem laufen nachts noch viele andere Vorgänge ab, die deinen Körper für den nächsten Tag vorbereiten.

Wenn der Schlaf fehlt oder zu kurz ist, ist das ein großes Problem für deinen Körper. Deshalb wird es dir auch extrem schwerfallen, etwas Neues zu lernen und es dir zu merken, wenn du übermüdet bist. Wenn dein Gedächtnis nicht die Möglichkeit bekommen hat, alles Wichtige vom Vortag ins Langzeitgedächtnis zu verschieben, ist dein Kurzzeitgedächtnis überfüllt und kann schwer etwas Neues aufnehmen. Deine Konzentration ist im müden Zustand viel schlechter, als wenn du ausgeschlafen bist. Außerdem wirst du viel gereizter sein, weil sich dein Körper durch den fehlenden Schlaf in einer Art Kampfmodus befindet. Denn für deinen Körper ist fehlender Schlaf ein Zeichen dafür, dass du in Gefahr bist, da dich etwas davon abgehalten hat zu schlafen.

Gereizt zu sein, nicht aufzupassen und sich nichts merken zu können und Schule – das verträgt sich sehr schlecht. Die Lehrer fragen dich dann: »Warum passt du nicht auf?«, und du gibst eine gereizte Antwort, was dich und deine Note noch weiter herunterzieht.

Je älter man wird, desto länger versucht man oft aufzubleiben, und viele Leute denken, dass sie auch mit sechs Stunden Schlaf noch ganz gut funktionieren. Es ist aber einfach nicht so. Darum empfehle ich dir, immer zu versuchen, zwischen sieben und neun Stunden zu schlafen. Probiere einfach mal jeweils eine Woche sieben, acht beziehungsweise neun Stunden Schlaf aus. Womit kommst du am besten klar und fühlst dich am wohlsten? Wenn du das raushast, dann bleib dabei. Achtung: Das Ziel ist nicht, dass du gerade so einigermaßen in der Schule aufpassen kannst. Wähle die Stundenanzahl so aus, dass du dich nach dem Aufstehen richtig gut fühlst. Es ist auch wichtig, dass du möglichst ungefähr zur selben Uhrzeit ins Bett gehst und aufstehst, weil sich dein Körper dann an diesen gleichmäßigen Rhythmus gewöhnt und er sich so schneller regenerieren kann.

Wenn du deine richtige Schlafdauer und den optimalen Schlafrhythmus gefunden hast, wirst du merken, dass dir die Schule erstens mehr Spaß macht, weil du nicht so gereizt bist, du zweitens mehr im Unterricht verstehst und weniger zu Hause lernen musst, und du drittens einfach glücklicher bist. Deswegen leg am besten heute Abend schon los!

Teile deine Energie richtig ein und folge der 80/20-Regel

Auch wenn du durch regelmäßiges Training deiner Fitness und ausreichend Schlaf ein Maximum an Energie bekommen kannst, hast du nicht unendlich viel Energie. Deshalb ist es wichtig, dass du genau planst, in welche Fächer du deine Energie steckst und in welche nicht. Natürlich sollte das Fach, in dem du eine »Notenstufe« besser werden möchtest, oberste Priorität haben, aber es bringt dir auch nichts, wenn du dich nur in einem Fach mega anstrengst und in allen anderen nur schläfst. Wie also findest du heraus, in welchen Fächern es sich lohnt, etwas zu tun, und in welchen nicht?

Es sollte logisch sein, dass du in der Unterstufe die meiste Energie in die Hauptfächer steckst, weil diese auf dem Zeugnis am meisten zählen, und gerade in Mathe und Deutsch eine gute Grundlage für die Oberstufe extrem wichtig ist. Wenn du schon in der Oberstufe bist, sollte es ein No-Brainer sein, den Großteil deiner Energie in deine Leistungskurse und Abiturfächer zu stecken, weil sie stärker gewertet werden und du vor dem Abi weniger lernen musst, wenn du dich in diesen Fächern in den zwei Jahren zuvor immer angestrengt hast. In Fächer, die du abwählen kannst und die dir keinen Spaß machen, kannst du weniger Energie stecken, weil sie für dein Zeugnis und deinen Abschluss nicht so wichtig sind und auch in deinem künftigen Leben vermutlich keine Rolle spielen werden. Das heißt nicht, dass du gar nichts machen sollst. 30 Prozent der Energie, die du auf dein Phasenziel-Fach konzentrierst, solltest du auch in diesen Fächern einsetzen.

Eine wichtige Frage ist auch, welche Notenziele du in welchem Fach hast – denn du kannst sehr viel Energie und Ehrgeiz mit falschen Notenzielen verschwenden. Hier kommt die »80/20-Regel« ins Spiel: Sie besagt, dass, wenn man versucht, in etwas extrem gut zu werden, 20 Prozent der investierten Zeit braucht, um 80 Prozent der notwendigen Fähigkeiten zu erlernen. Beim Fußball dauert es zum Beispiel nicht lange, bis du gelernt hast, wie du einen Ball passt, flankst oder schießt. Um die restlichen 20 Prozent zu erlernen, die du brauchst, um extrem gut zu werden, musst du deutlich mehr Zeit investieren, viermal so viel, also 80 Prozent. Eigentlich klar – je komplizierter es wird, desto schwieriger ist es zu lernen. Raumdeckung, Strategie und Tricks und blinde Ballbeherrschung sind viel schwerer zu erlernen und man braucht deshalb einfach länger.

Was hat das jetzt mit der Schule zu tun? Die 80/20-Regel gibt es nicht nur beim Fußball. Sie ist eigentlich überall, wo man sich verbessern möchte, anwendbar, auch in der Schule. Da wir nicht extrem gut in der Schule werden wollen, sondern nur gut, reichen uns 80 Prozent, wir müssen nicht 100 Prozent – also einen Schnitt von 1,0 – erreichen. 80 Prozent hört sich nach viel an. Aber laut der 80/20-Regel müssen wir nur 20 Prozent der Zeit und Energie investieren, die für die absolute Höchstleistung nötig wäre, um in einem Fach auf 80 Prozent zu kommen.

Im Real Life bedeutet das, dass du zum Beispiel versuchen solltest, zuerst in allen oder fast allen Fächern auf eine 2 zu kommen, bevor du dir das Ziel setzt, in vier Fächern eine 1 zu bekommen. Von einer 4 auf eine 2 zu kommen ist viel einfacher und erfordert weniger Energie, als von einer 2 auf eine 1 zu kommen. Sich in vielen Fächern ein Stück weit zu verbessern, tut auch viel mehr für deinen Notenschnitt, als nur in einem Fach top zu sein.

Du denkst jetzt bestimmt: »Aber widerspricht das nicht dem Ziel, in einem Fach eine Notenstufe besser zu werden?« Jein. Nach der 80/20-Regel wäre es dumm zu versuchen, in einem Fach eine 1 zu bekommen, bevor du nicht in den anderen Fächern auf 2 stehst. Bei der Vorgabe geht es aber nicht darum, dass dein nächstes Zeugnis so gut wie möglich sein soll. Es geht darum, dass du merkst, dass es in einem Fach, das dich begeistert, auch Spaß machen kann, sich anzustrengen, um zu den Besten zu gehören. Diese Erfahrung als schlechter Schüler ist langfristig wertvoller als eine Notenschnittverbesserung von 0,1 auf deinem Zeugnis. Aber du sollst auch nicht ohne Grund nur in einem Fach versuchen, eine Notenstufe hochzuspringen. Abgesehen von diesem Fach befolgst du bei allen anderen Fächern die 80/20-Regel. So wirst du deine begrenzte Energie effektiv einsetzen können und deinen Zeugnisschnitt verbessern, ohne dich übermäßig anzustrengen.

Hör auf zu schwänzen

Es kann gut sein, dass du häufiger schwänzt, wenn du die Schule gar nicht magst. Falls nicht, ist das super und du kannst diesen Tipp überspringen.

Es ist eigentlich ganz logisch: Wenn du es schaffen möchtest, dich eine Woche lang in jeder Stunde in einer bestimmten Häufigkeit zu melden, um das Phasenziel zu erreichen, musst du eine Woche lang jede Stunde in der Schule sein. Abgesehen davon ist Schwänzen eines der Dinge, die deine Note am meisten herunterziehen, denn Lehrer hassen Schwänzer. Sie alle lieben ihr Fach (sonst hätten sie es kaum studiert) und finden ihren Unterricht toll und sehen es als persönliche Beleidigung an, wenn du offensichtlich schwänzt. Dadurch wird der »Teufelshörner-Effekt« (der negative Bruder des Halo-Effekts) aktiviert und du kannst dich von einer guten Note in diesem Fach verabschieden, egal, wie viel du dich vielleicht anstrengst, wenn du mal da bist. Außerdem reden Lehrer im Lehrerzimmer über Schüler, die schwänzen, und es entwickelt sich eine

Art »Gruppenteufelshörner-Effekt«, sodass es passieren kann, dass du auf einmal auch schlechtere Noten in Fächern bekommst, in denen du immer da bist, weil du einfach einen schlechten Ruf unter den Lehrern hast.

Es gibt zwei Lösungen für dich, abhängig davon, wie viel du gerade schwänzt: Wenn du derzeit mehrmals die Woche blaumachst, solltest du dir das Ziel setzen, jede Woche einen Tag oder eine Stunde (kommt drauf an, ob du immer den ganzen Tag fehlst oder immer in der ersten oder letzten Stunde) weniger zu schwänzen. Wenn du das eine Weile durchziehst, bist du am Ende bei null versäumten Tagen. Falls du höchstens einmal die Woche mal eine Stunde fehlst, versuch dich einfach zu fragen: »Muss das sein? Kann ich mich nicht auch noch diese Stunde durchbeißen, wenn ich es die ganze Woche schon geschafft habe?«

Wann kommt der Gedanke zu schwänzen bei dir am ehesten hoch? Morgens vor der Schule, weil du zum Beispiel nur Scheißfächer hast oder weil du zum Beispiel den Lehrer schrecklich findest, der die nächste Stunde unterrichtet? Wie kannst du es in diesen Situationen schaffen, deinen inneren Schweinehund zu überwinden und doch zur Schule zu gehen beziehungsweise dich doch noch in die nächste Stunde reinzusetzen? Guck dir hier noch mal das Kapitel »Motivation« an und führ dir noch mal ein Ziel vor Augen. Wenn du darüber nachdenkst zu schwänzen, erinnere dich einfach noch mal, weshalb du generell zur Schule gehst und was das Ziel ist: dein Traumleben. Wäge ab: Was ist schlimmer? Aus dem Bett zu steigen und zur Schule zu gehen beziehungsweise dich in die letzte Stunde Kunst hineinzusetzen oder den Rest deines Lebens dein Horrorleben (negative Zukunft) zu leben? Dann wird dir bestimmt schnell klar sein, dass es sich lohnt, diesen einen Tag beziehungsweise diese Stunde in Angriff zu nehmen.

Sei aufmerksam

Okay, das mag jetzt kein superkrasser neuer Trick sein, den kein anderer Mensch kennt, aber als Grundlage ist Aufmerksamkeit extrem wichtig, weil viele andere Tipps/Tricks davon abhängen. Kann es sein, dass du zwar weißt, dass die Formel »Aufmerksamkeit = bessere Note« funktioniert, du in der Schule aber eben nicht aufmerksam bist?

Aufmerksamkeit ist eine der wichtigsten, aber auch einfachsten Methoden, um in der Schule besser zu werden. Du musst nichts aktiv machen, um aufmerksam zu sein. Du musst dich nicht melden oder irgendwas aufschreiben. Du musst einfach nur zuhören. Und das ist wiederum die einzige Voraussetzung für eine gute mündliche Mitarbeit, und warum die wichtig ist, hatten wir schon. Nur wenn du halbwegs aufmerksam bist, kannst du halbwegs vernünftige Beiträge im Unterricht bringen.

Was hält dich davon ab, aufmerksam zu sein? Deine Sitznachbarn sind eigentlich meistens der Hauptgrund. Ich selber kenn das auch. Wenn man mit seinen Freunden zusammensitzt, macht es viel mehr Spaß zu reden, als einem langweiligen Unterricht zu folgen. Ich erwarte jetzt auch nicht von dir, dass du auf einmal einen Tunnelblick auf die Tafel entwickelst. Das würde keiner durchhalten. Genau wie beim Schwänzen solltest du versuchen, dich langsam zu steigern.

Überleg mal kurz: Wie aufmerksam bist du derzeit in jeder Schulstunde? Wenn du insgesamt pro Stunde ungefähr zehn Minuten aufmerksam und bewusst deinem Lehrer zuhörst und das, was er sagt, wirklich verstehen möchtest, versuche, dich von dieser Basis aus zu steigern. Guck auf die Uhr und versuche in der nächsten Woche, 15 Minuten pro Stunde aufmerksam aufzupassen. Wenn du auf der Uhr siehst, dass du die 15 Minuten aufmerksam zugehört hast (es muss nicht am Stück sein; du kannst zum Beispiel auch dreimal fünf Minuten aufpassen), kannst du danach den Rest der Stunde nicht mehr aufpassen. Das nächste Ziel sind dann 20 Minuten pro Schulstunde. Und so weiter.

Ich erwarte nicht, dass du diese stufenweise Verbesserung durchziehst, bis du 100 Prozent der Stunde aufmerksam aufpasst. Erstens schafft es kein Mensch, immer 100 Prozent aufzupassen, und zweitens sollte ein bisschen Spaß mit den Sitznachbarn auch nicht fehlen. Aus meiner Sicht ist es optimal, wenn du 70 Prozent der Stunde aufmerksam bist und den Rest einfach mal an gar nichts denkst und zwischendurch mit deinen Freunden quatschst.

Wenn du das schaffst, hast du die beste Ausgangsbasis, alle weiteren Tipps und Tricks anwenden zu können und ein cleverer Schüler zu werden!

Pack dein Handy weg. Lehrer merken es!

Wenn du dich in deiner Klasse umguckst, wirst du bestimmt mindestens einmal den klassischen Federmappen-Wall sehen. Irgendjemand hat immer die Federmappe so hingelegt, dass er dahinter sein Handy verstecken kann, damit der Lehrer es von vorne nicht sieht. So kann man perfekt sehen, wenn Push-Benachrichtigungen reinkommen, zum Beispiel eine WhatsApp-Nachricht oder ein Snap, und man kann schreiben, ohne das Handy zu bewegen. Schüler, die das machen, glauben, sie hätten die Lehrer ausgetrickst und denken: »Diese alten Leute checken das eh nicht.«

Täusch dich nicht. Auch wenn Lehrer dich nicht darauf ansprechen oder dir sofort das Handy wegnehmen, nehmen es sehr viele von ihnen sehr wohl wahr, wenn du immer lange genau auf dem

Punkt hinter deiner Federmappe guckst oder Tippbewegungen machst. Lehrer sind ja nun nicht doof oder total von gestern. Auch wenn sie dir das Handy nicht wegnehmen, weil sie keinen Bock auf das Drama haben, speichern sie dieses Verhalten negativ ab.

Deswegen empfehle ich dir dringend, dein Handy in die Hosentasche zu stecken und deine Zeit entweder damit zu verbringen, mit deinem Sitznachbarn zu reden oder aufzupassen. Du guckst ja eh nur auf dein Handy, weil du versuchst, deine Langeweile zu vertreiben. Kleiner Tipp: Wenn du aufpasst und zwischendurch eine gute Zeit mit deinen Sitznachbarn hast, geht die Zeit am schnellsten vorbei.

Vermeide, ungewollt drangenommen zu werden

Jeder kennt diesen Moment: Du hast nur die Hälfte der Hausaufgaben gemacht und hast bei der Hausaufgabenabfrage die ganze Zeit Angst, der Lehrer könnte dich zufällig drannehmen bei den Aufgaben, die du nicht gemacht hast. Oder du quatschst gerade mit deinen Freunden und dein Lehrer nimmt dich plötzlich dran und du hast keinen Plan, was er von dir will, weil du ja nicht aufgepasst hast. Nicht sooo schlimm, aber nervig. Der Lehrer schiebt Stress und will wissen: »Warum hast du die Hausaufgaben nicht?«, oder: »Warum passt du nicht auf?«, obwohl die Antworten darauf eigentlich logisch sind, und du hast mal wieder was für den Teufelshörner-Effekt getan.

Wie kannst du diese unangenehmen Situationen umgehen? Eigentlich ist das ganz einfach. Es sind 20 bis 30 Schüler in deiner Klasse. Der Lehrer versucht, jeden Schüler abzufragen, um sicherzugehen, dass er oder sie die Hausaufgaben gemacht oder aufgepasst hat. Das heißt: Wenn du dich am Anfang der Hausaufgabenkontrolle meldest und dran warst, bist du danach eigentlich »safe«, weil es ja viele andere Schüler gibt, die sich noch gar nicht gemeldet haben. Der Lehrer denkt, dass du die Hausaufgaben komplett gemacht hast, auch wenn du nur die ersten beiden Aufgaben hast. So kannst du den Rest der Stunde chillen und musst keine Angst haben, plötzlich drangenommen zu werden. Dasselbe gilt fürs Ungewollt-drangenommen-Werden im Laufe der Stunde. Melde dich am Anfang der Stunde ein paarmal freiwillig und zeig dem Lehrer, dass du in den letzten Stunden aufgepasst hast. Solange du nicht anfängst, den Unterricht zu stören oder anders schlecht auffällst, wird der Lehrer dich für den Rest der Stunde höchstwahrscheinlich in Ruhe lassen.

Der einzige Haken ist, dass du deine Hausaufgaben zumindest teilweise machen musst. Gerade wenn dir die Schule und gewisse Fächer keinen Spaß machen, setzt du dich wahrscheinlich nach der Schule ungern hin. Denk aber an die Vorteile:

1. Du kannst dich bei der Hausaufgabenkontrolle melden und wirst so im Laufe der Stunde nicht mehr unerwartet drangenommen.
2. Du kannst das Phasenziel für jede Stunde bei der Hausaufgabenkontrolle erfüllen und dich danach zurücklehnen, weil du deinen Job getan hast. Danach musst du einfach nur noch phasenweise aufmerksam sein, aber dich nicht mehr richtig anstrengen.

Ich hoffe, du lässt dich überzeugen, diese Strategie mal auszuprobieren.

Mach deine Hausaufgaben

Abgesehen davon, dass du dich mit gemachten Hausaufgaben bei der Hausaufgabenkontrolle melden kannst und dadurch immer schnell das Phasenziel pro Stunde abhaken kannst, haben Hausaufgaben weitere Vorteile:

1. Du kannst Hausaufgaben mit wenig Anstrengung in hoher Qualität anfertigen, weil du deinen besten Freund Google für alles nutzen kannst. Wenn du zum Beispiel einen englischen Text schreiben musst, geht das zu Hause viel einfacher mithilfe des Google Translators, als wenn du in der Klasse auf dich alleine gestellt bist.
2. Du beschäftigst dich noch einmal mit dem Unterrichtsstoff. Was du im Unterricht nicht gecheckt hast, kannst du dir noch mal auf YouTube, zum Beispiel auf dem Kanal von »simpleclub« (Erklärvideos), erklären lassen und deine Verständnislücken schließen.

Wenn du deine Hausaufgaben schon regelmäßig selbstständig machst, mach damit unbedingt weiter! An alle, die damit Probleme haben, richtet sich der folgende Tipp:

Falls du gerade selten oder nie deine Hausaufgaben machst, habe ich eine gute und eine schlechte Nachricht für dich. Die schlechte ist: Du musst unbedingt anfangen, regelmäßig Hausaufgaben zu machen, wenn du die Phasen bestehen möchtest. Die gute ist: Für den Anfang gibt es eine Methode, mit der du nicht jede Hausaufgabe machen musst, um dich in jedem Fach an der Hausaufgabenkontrolle beteiligen zu können. Es ist eigentlich ganz einfach: In jeder Klasse bekommen ungefähr 30 Schüler dieselbe Hausaufgabe auf. Warum teilt man sie sich dann nicht einfach auf? Such dir einfach eine/n zuverlässige/n Freund/in oder Partner/in aus deiner Klasse und mach aus, dass ihr die Hausaufgaben wöchentlich im Wechsel macht. Derjenige, der dran ist, schickt sie dem anderen zu, und die Woche drauf läuft es umgekehrt.

Zuverlässigkeit ist wichtig bei dieser Taktik, weil es dir nicht hilft, wenn die andere Person es immer »vergisst«, ihren Teil zu machen. Umgekehrt werden deine Mitschüler auch nur mitmachen, wenn sie dich auch als einen zuverlässigen Menschen ansehen. Falls dein Ruf in puncto Zuverlässigkeit nicht der beste ist und man dir nicht traut, schlage vor, zu starten und in der ersten Woche alle Hausaufgaben im betreffenden Fach für euch beide zu machen. So lieferst du der anderen Person einen Zuverlässigkeitsbeweis. Wenn du zuverlässige Partner findest und es selber auch durchziehst (falls du es nicht tust, wird dir dein/e Partner/in nie wieder wirklich vertrauen und der Deal ist höchstwahrscheinlich im Eimer), kannst du so extrem easy das Phasenziel erreichen, ohne viel Aufwand zu betreiben.

Achtung: Fang nicht an, bei anderen Leuten Hausaufgaben abzuschreiben und die dann an deine/n Partner/in weiterzuschicken. Andere Menschen auszunutzen und immer alles abzuschreiben, ist übel assi und du würdest es ja auch hassen, wenn dein/e Partner/in deine Hausaufgaben ohne irgendetwas zu sagen an andere Leute weiterleiten würde.

Sobald du dich daran gewöhnt hast, alle zwei Wochen intensiv die Hausaufgaben für ein Fach zu machen, solltest du dazu übergehen, auch in der Woche, in der du eigentlich nicht dran bist, die Hausaufgaben zu machen und dann irgendwann immer die Hausaufgaben selber zu machen (spätestens ab Phase 2). Warum? Du lernst einfach mehr, wenn du die Aufgaben selber machst, und davon hast du langfristig mehr.

Falls es dir schwerfällt, deine Hausaufgaben regelmäßig zu machen, kannst du auch mit deinen Eltern aushandeln, dass du, wenn du in einem Monat alle Hausaufgaben machst, am Ende des Monats eine Belohnung bekommst. So bekommst du noch mal einen extra Motivationspush, um das Ziel zu erreichen.

Zu guter Letzt: Denke an das positive Mindset: Sieh Hausaufgaben nicht als eine Bestrafung der Lehrer an, sondern als Chance, den Unterrichtsstoff besser zu verstehen und dich so besser beteiligen zu können. Und jede gemachte Hausaufgabe reduziert deine Lernzeit vor Arbeiten/Klausuren.

Trage bei Gruppenarbeiten immer vor

Es ist ultraeinfach, Pluspunkte zu sammeln, indem du bei Gruppenarbeiten die Person bist, die vorträgt. Es kommt ganz auf die Gruppe an, aber die meisten Leute wollen nicht vortragen, weil sie schüchtern sind oder sich blöd vorkommen oder Angst haben, sich zu blamieren, oder was auch immer. Wenn das auch bei dir der Fall ist, wird diese Art des Unterrichtsbeitrags für dich zwar nicht so einfach, aber umso wichtiger. Denn du musst lernen, vor Menschen zu sprechen. Da kommst du leider nicht drum herum. Egal, ob es dir schwerfällt oder nicht: Jeder wird in seiner Schullaufbahn mündliche Prüfungen haben, und später an der Uni, wenn das dein Ziel ist, geht das genau so weiter. Kleine Gruppenvorträge, bei denen es um nichts geht, sind ein gutes Training dafür. Außerdem ist Vortragen bei einer Gruppenarbeit noch viel besser als eine normale Meldung, denn du kannst beweisen, dass du ein Thema voll und ganz verstanden hast und erklären kannst. Es kann passieren, dass durch einen sehr guten Vortrag bei einer Gruppenarbeit bei deinem Lehrer der Halo-Effekt anspringt und er sich denkt: »Wenn er/sie dieses Thema so gut vortragen kann, dann war meine Wahrnehmung in der Vergangenheit, dass er/sie immer nur schläft, vielleicht falsch.«

Deswegen: Wenn bei der nächsten Gruppenarbeit die Frage gestellt wird, wer vortragen möchte, melde dich freiwillig. Schöner Nebeneffekt: Du kannst dich zurücklehnen und sagen: »Ich trag schon vor, ihr arbeitet heraus, was wir sagen wollen, und ich sag das dann.« Damit müssen die anderen versuchen, das komplizierte Arbeitsblatt zu entziffern, und du machst dir nur Notizen zu den Ergebnissen.

Gruppenarbeiten haben noch einen weiteren Vorteil: Wenn deine Gruppe nicht dran ist und du nur Zuhörer bist, kannst du dich melden und unglaublich easy mündlich was beitragen. Warum ist das so? Immer wenn Referate/Vorträge gehalten werden, möchten die Lehrer, dass am Ende des Vortrages vom Rest der Klasse Feedback gegeben wird. Das Gute an Feedback ist, dass du dafür keinerlei Vorwissen brauchst. Du musst nur bei dem Vortrag zugehört haben. Du könnest das ganze Halbjahr geschlafen haben und nichts vom Thema mitbekommen haben, aber dich beim Feedback immer noch melden, weil jeder so etwas wie »Ich fand's gut, dass ihr alle langsam gesprochen habt« oder »Mir hat gefallen, dass jeder ungefähr gleich viel gesagt hat« sagen kann. Aber natürlich ist Feedback, das sich inhaltlich auf den Vortrag bezieht, noch besser. Deswegen pass auf, wenn die anderen Gruppen vortragen, notier dir hier und da was, überleg dir einen Beitrag wie »Ich fand den Aspekt XY sehr gut und verständlich erklärt« und erfülle entspannt das Phasenziel für diese Stunde!

Denk dran: Der erste Eindruck ist der allerwichtigste

Es gibt nur wenige Momente in der Schule, die so extremen Einfluss darauf haben, wie gut oder schlecht deine Note in einem Fach sein wird, wie der erste Eindruck deines Lehrers.

Versetz dich in die Lage der Lehrer: Sie haben mehrere Klassen und müssen sich über 100 Schüler merken. Sobald sie also in eine neue Klasse reingehen, ordnen sie sofort alle Schüler in bestimmte Kategorien oder Schubladen ein, damit es für sie einfacher wird, alle im Kopf zu behalten und zu benoten.

Lehrer machen das nicht bewusst. Es ist eine ganz normale menschliche Verhaltensweise. Wir machen das alle. Es ist bewiesen, dass wir uns in den ersten Augenblicken, in denen wir andere Menschen wahrnehmen, eine Meinung über sie bilden und sie in eine Schublade stecken. Wenn du zum Beispiel einen Typen im Trainingsanzug und mit Bauchtasche siehst, denkst du sofort: Assi! (Dazu später mehr.) Wenn du ein Mädchen mit einer Harry-Potter-Brille siehst, denkst du sofort, dass sie schüchtern, ein Bücherwurm und eine Streberin ist. Dasselbe machen Lehrer unterbewusst, wenn sie eine komplett neue Klasse vor sich haben.

Das ist deine Chance! Wenn du dich bei einem neuen Lehrer in den ersten Stunden extrem anstrengst und dich von deiner besten Seite zeigst, wird dich der Lehrer in seinem Kopf direkt als guten Schüler abspeichern. Du solltest dich natürlich nicht ab der zweiten Stunde gar nicht beteiligen und nur Scheiße bauen, weil Lehrer schon mitbekommen, wenn sich Schüler wirklich nur in der ersten Stunde anstrengen, um dem Lehrer zu gefallen. Solange du dich aber in den ersten vier Stunden weiterhin halbwegs oft meldest, zementiert sich das Bild im Kopf des Lehrers, dass du ein guter Schüler bist. Es dauert nur zwei bis drei Wochen. Wenn du die überstanden und den Eindruck des Lehrers gefestigt hast, kannst du dich zurücklehnen und dich weniger beteiligen. Das heißt nicht, dass du jetzt den Vollassi raushängen kannst – egal, wie gut der erste Eindruck war, man kann ihn auch wieder zerstören. Wenn du dich aber halbwegs gut benimmst, dich hier und da beteiligst und nicht störst, dann hat der Lehrer dich voraussichtlich positiv abgespeichert.

Wenn die Lehrer dann die Noten eintragen, erinnern sie sich nie genau, wie sich jeder der über 100 Schüler, die sie unterrichtet haben, in jeder Stunde beteiligt hat. Nur die allerwenigsten Lehrer machen sich dazu regelmäßig Notizen. Deswegen werden die meisten Lehrer, wenn sie zu deinem Namen auf der Liste gekommen sind, sich nach ihrem generellen Eindruck von dir richten, und wenn du hier am Anfang den Grundstein gelegt hast, sieht es gut aus für dich. So wirst du in den meisten Fällen am Ende eine bessere Note bekommen, als du eigentlich verdient hast.

Deswegen: Zeig dich einfach in den ersten Stunden von deiner Schokoladenseite und sacke später die gute Note ein. Es ist echt nicht schwer!

Wenn du dich nicht traust, dich zu melden, gib dein Heft oder gute Hausaufgaben ab

Falls du, aus welchen Gründen auch immer, Angst davor hast, dich zu melden, dann ist das Abgeben von Hausaufgaben ein super Mittel, um eine gute mündliche Note zu bekommen. Rede einfach mit deinem Lehrer darüber und sage: »Ich trau mich irgendwie nicht, mich zu melden. Kann ich stattdessen mein Heft/meinen Hefter oder Hausaufgaben abgeben?« 99 Prozent aller Lehrer sagen dazu Ja.

Wenn du zu viel Angst hast, dich zu melden, versuch, gut aufzupassen und extrem gute Mitschriften von den Stunden zu machen. Wenn der Lehrer so etwas sieht, wird er dir auch eine bessere Note geben.

Zum Glück ist die Chance aber extrem gering, dass du wirklich unüberwindbare Angst davor hast, dich zu melden. Die meisten Menschen sind ein wenig schüchtern, aber können mit Mut diese Schüchternheit überwinden. Gerade wenn du Angst davor hast, etwas Falsches zu sagen, sind die Hausaufgabenkontrollen die perfekten Zeitpunkte, um dich zu melden, weil du dir da extrem sicher sein kannst, dass das, was du sagen willst, richtig ist. Du kannst zu Hause ja in Ruhe alles vorbereiten und im Zweifel googeln. Falls du noch sicherer sein möchtest, kannst du auch kurz vor der Stunde einen Mitschüler, der gut in dem Fach ist, fragen: »Ist das richtig, was ich da geschrieben habe?« Oder: »Kann man das so schreiben/sagen?« So hast du wirklich eine 99,99-prozentige Garantie, dass es richtig ist, und musst keine Angst mehr haben, dich zu melden.

Pass auf, was du anziehst

Auch wenn es sich ultraspießig anhört: Pass auf, was du anziehst. Wie schon angesprochen, stecken Lehrer Schüler automatisch in Schubladen. Nicht nur deine Beteiligung im Unterricht, sondern auch dein Äußeres beeinflussen deine Lehrer. Wenn du mit PSG-Trainingsanzug und Bauchtasche in die Schule kommst, kann es gut sein, dass Lehrer dich in die Assi-Schublade stecken, und du wirst dich extrem anstrengen müssen, um gute Noten zu kriegen. Das Gleiche gilt, wenn du dich extrem freizügig anziehst, so als wärst du gerade auf dem Weg in den Club.

Du denkst jetzt vielleicht: »Die sollen sich mal entspannen«, oder: »Was für Spießer!« Aber am Ende kann dein Outfit deine Note (je nachdem, wie extrem du rumläufst) sehr runterziehen, und das bedeutet automatisch, dass du dich für gute Noten in der Schule deutlich mehr anstrengen musst. Willst du das? Oder ist es dann einfach entspannter, doch mal für einen halben Tag eine Jeans anzuziehen und vielleicht morgens nicht zu deinem oversized Kuschel-Hoodie im Kleiderschrank zu greifen? Wenn du dann noch strategisch gerade bei eher älteren oder spießigen Lehrern dich nicht assi (in ihren Augen) anziehst, wirst du keine Probleme wegen deines Outfits haben und gehst einem riesigen Berg unnötigen Stress aus dem Weg. In deiner Freizeit nach der Schule kannst du ja anziehen, was du willst. Dann schaffst du es auch, für ein paar Stunden eine Jeans zu tragen. Denk immer an den Teufelshörner-Effekt. ☺

Sitz nicht hinten rechts in der Ecke

»Die Coolen sitzen hinten!« Das ist in den meisten Schulen ein ungeschriebenes Gesetz. Tatsächlich ist hinten sitzen aber genau das Gegenteil von cool, weil es zu sehr viel Stress und schlechten Noten führt. Ich erkläre dir, warum:

1. Da es einen großen Lehrermangel gibt, sitzen in den meisten Klasse um die 30 Schülerinnen und Schüler. Das sind so viele Gesichter, dass der Lehrer sie gar nicht alle wahrnehmen kann. Wenn du dann hinten rechts in der Ecke sitzt und vor dir andere Schüler sitzen, die vielleicht sogar größer sind als du, wirst du von ihnen verdeckt und der Lehrer nimmt dich nie wahr. Wenn du weit hinten sitzt, kommst du

mit ziemlicher Wahrscheinlichkeit auch selten dran, selbst wenn du dich meldest, was besonders kritisch für unsere Strategie ist, weil die mündliche Mitarbeit einer der Pfeiler unseres Systems ist! Wenn der Lehrer dann am Ende des Jahres deine Mitarbeitsnote eintragen will, denkt er sich: »Der ist mir noch nie aufgefallen. Dann muss er sich auch schlecht beteiligt haben. Der verdient eine 5 mündlich.« So bekommst du also nur durch deinen Sitzplatz eine schlechte Note, die deinen ganzen Notenschnitt nach unten zieht.

2. Lehrer wissen auch, dass die »coolen Kids« immer hinten sitzen. Und meistens sind die coolen Kids auch die, die am meisten stören. Deshalb sehen Lehrer Schüler, die hinten sitzen, automatisch als unmotiviert und als Störenfriede an, egal, ob das stimmt oder nicht. Deswegen wird es, wenn du in der letzten Reihe sitzt, öfter dazu kommen, dass der Lehrer dich ermahnt, wenn du mit deinem Freund quatschst, auch wenn die Schüler in der Mitte des Raumes das Gleiche machen. Das Ganze führt automatisch zu Stress mit dem Lehrer, der einfach nur unnötig ist.

Kurz gesagt: Hinten sitzen bringt nur Nachteile. Du fragst dich jetzt bestimmt: »Soll ich jetzt genau vor dem Lehrerpult sitzen, oder was?!« Nein, auf keinen Fall! Ganz vorne hat der Lehrer dich immer im Blick, und da hast du gar keinen Spaß mehr im Unterricht. Setz dich am besten mit einem netten Sitznachbarn, der aber auch ein wenig Interesse an seinen Schulnoten hat, in die Mitte des Raumes. Da werden die Lehrer dich nicht übersehen, wenn du dich meldest, aber es fällt auch nicht so viel auf, wenn du mal mit deinem Sitznachbarn quatschst.

Such dir einen Lernbuddy

Was hilft dir, wenn du die Qualwochen im Schuljahr durchstehen musst? Du weißt nicht, wovon ich rede? Na, von den Phasen, in denen du mehrere Wochen am Stück (kommt drauf an, ob du in der Unter- oder Oberstufe bist) jede Menge Arbeiten/Klausuren schreiben musst, die einen großen Teil deiner Note ausmachen.

Mir ging es früher so: Ich nahm mir vor, eine Woche vorher anzufangen zu lernen. Wenn es dann eine Woche vor der Klausur war, sagte ich mir: »Drei Tage vorher reichen auch voll aus.« Wenn es dann drei Tage vor der Klausur war und ich versuchte zu lernen, lag ich auf meinem Bett und lernte eigentlich gar nichts, sondern war 90 Prozent dieser »Lernzeit« mit meinem Handy beschäftigt. Einen Tag vor der Arbeit/Klausur schaffte ich es, mich zusammenzureißen, und guckte mir last minute das Wichtigste gerade so noch mal an.

Dass so ein Verhalten keine gute Note gibt, weißt du bestimmt auch aus eigener Erfahrung.

Was kannst du da machen?

Mein Vorschlag ist, dass du dir einen Lernbuddy suchst. Es sollte jemand sein, mit dem du dich gut verstehst, mit dem du aber trotzdem produktiv lernen kannst. Wenn du weißt, dass du mit deiner besten Freundin nicht zum Lernen kommen wirst, weil ihr nur quatscht, solltest du sie lieber nicht wählen, auch wenn du dich super mit ihr verstehst. Gerade durch Gruppenarbeiten kannst du gut herausfinden, wer aus deiner Klasse die perfekte Mischung aus produktiv und sympathisch ist. Dieser Person solltest du dann einfach vorschlagen, für die nächste Arbeit/Klausur zusammen zu lernen.

Es geht nicht nur darum, dass dir dein Lernbuddy vielleicht Themen noch mal erklären kann, sondern auch darum, das Lernen nicht aufzuschieben. Wenn du dich mit deinem Lernbuddy zum Lernen verabredet hast, ist deine Hemmschwelle, den Lerntermin abzusagen, sehr hoch, weil du die andere Person nicht enttäuschen möchtest. Außerdem könnt ihr euch, wenn einer von euch beiden gerade keinen Bock hat, motivieren, so wie Gymbuddys, die zusammen ins Gym gehen wollen.

Mit dem richtigen Lernbuddy wird die Klausur/Arbeitenphase erstens mehr Spaß machen, weil du zusammen mit jemandem lernst, der dir sympathisch ist. Zweitens kannst du den Lerntermin nicht mehr einfach so verschieben oder nichts an diesem Lerntermin machen. Drittens: Wenn du nicht alles im Unterricht gecheckt hast, kann dein Lernbuddy deine Lücken mit seinem Wissen füllen. Viertens wirst du sicherer, wenn du deinem Lernbuddy etwas erklärst, was er/sie nicht verstanden hat.

Wenn dich das nicht überzeugt, weiß ich auch nicht. Geh deswegen so schnell wie möglich auf die Suche nach deinem Lernbuddy! ☺

Viele Freunde zu haben wird überbewertet

In der fünften und sechsten Klasse war mein größtes Ziel, so viele Freunde wie möglich zu haben. Ich dachte mir, dass beliebt zu sein mich auch glücklicher machen würde. Das war aber nicht der Fall. Ich habe mich mit vielen Leuten gut verstanden, aber eine richtige tiefe Freundschaft hatte ich nicht wirklich, weil ich immer nur Ausschau gehalten habe, mit wem ich mich als Nächstes gut verstehen kann und wen ich in meine »Sammlung« aufnehmen könnte. Das geht, glaube ich, vielen in der Schule so.

Erst später habe ich herausgefunden, dass es egal ist, mit wie vielen Leuten ich mich verstehe oder wie viele Leute meine Freunde sind. Nur eine/n beste/n Freund/in zu haben, die/der wie ein Familienmitglied ist, ist tausendmal besser als zehn »Na-ja-Freunde«. Es ist wie beim Fußballspielen. Es bringt nichts, wenn du zehn platte Bälle hast. Wenn du aber nur einen aufgepumpten hast, reicht das und du wirst viel mehr Spaß mit ihm haben als mit zehn platten.

Was heißt das für dich?

Setz dich hin und überleg, mit welchen drei Leuten du besser befreundet sein möchtest, sodass ihr vielleicht in der Zukunft mal beste Freunde oder sogar Freunde fürs Leben werdet. Überleg dir auch, mit welchen drei Personen du vielleicht weniger machen möchtest, weil sie sich entweder ins Negative verändert oder du eigentlich noch nie eine richtige Verbindung zwischen euch gespürt hast. Wenn du diese Personen gefunden hast, versuche genau das umzusetzen. So wird dein Freundeskreis vielleicht kleiner, aber viel stärker, und du wirst eine viel bessere Zeit mit zwei bis drei sehr guten Freunden haben als mit zehn mittelmäßigen.

Zusammenfassung für Faule

1. Regelmäßiger Sport ist extrem wichtig, damit du genug Energie für den Schulalltag hast und nicht todmüde nach der Schule in dein Bett fällst.

2. Den richtigen Schlafrhythmus zu finden ist entscheidend, wenn du in der Schule aufpassen möchtest.

3. Teile deine Energie richtig ein und konzentriere dich zuerst darauf, dich in allen Fächern ein wenig zu steigern, bevor du in einem oder zweien eine 1 anstrebst.

4. Es lohnt sich nicht zu schwänzen. Der ganze Stress mit deinen Lehrern ist es nicht wert.

5. Es ist grundlegend, dass du eine bestimmte Zeit lang in jeder Stunde aufmerksam zuhörst.

6. Pack dein Handy weg. Lehrer sind nicht so dumm, wie du denkst, und bemerken es, wenn du die ganze Zeit hinter deiner Federmappe herumtippst.

7. Wenn du nicht plötzlich im Unterricht von deinem Lehrer drangenommen werden möchtest, melde dich einfach bei der Hausaufgabenkontrolle ein paarmal. Dann bist du safe, weil es noch 25 weitere Schüler gibt, die noch nichts gesagt haben.

8. Mach deine Hausaufgaben, um dich bei der Hausaufgabenkontrolle melden zu können.

9. Trage bei deinen Gruppenarbeiten immer vor und gib anderen Gruppen immer Feedback. Das sind zwei sehr einfache Möglichkeiten, um im Unterricht zu punkten.

10. Der erste Eindruck, den ein Lehrer von dir bekommt, wird für immer in seinem Kopf sein. Also sorg dafür, dass es ein guter ist!

11. Falls du zu schüchtern bist, dich zu melden, gib dein Heft oder deine Hausaufgaben bei deinem Lehrer ab.

12. Komm nicht mit Bauchtasche und Barca-Trainingsanzug in die Schule. So landest du bei vielen Lehrern sofort in der Assi-Schublade!

13. Sitze nicht irgendwo hinten in der Ecke, wo dich kein Lehrer sieht. Je weniger ein Lehrer dich sieht, desto schwerer wird es sein, eine gute Note zu bekommen.

14. Suche dir einen Lernbuddy, damit du nicht erst einen Tag vor Klausuren/Arbeiten anfängst zu lernen.

15. Viele Freunde zu haben ist überbewertet. Ein/e BFF ist viel besser als zehn mittelmäßige Freunde.

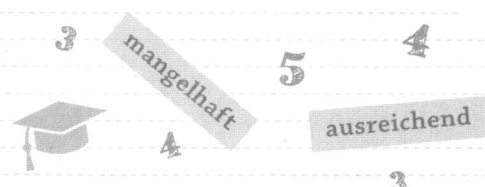

Die Woche, in der du Phase 1 bestehst

Wie könnte die Woche aussehen, in der du das Phasenziel für Phase 1 erreichen wirst?

Zuallererst hast du schon vor ein paar Wochen deinen eigenen Schlafrhythmus gefunden, hast angefangen, regelmäßig laufen zu gehen oder sonstigen Sport zu machen, und hast dadurch jetzt viel mehr Energie in der Schule. Außerdem hast du dir vor ein paar Wochen für die Arbeiten-/Klausurphase einen Lernbuddy gesucht und, falls du bisher kaum Hausaufgaben gemacht hast, in den meisten Fächern einen Hausaufgabenpartner gefunden. Du hast auch ein Fach gefunden, das dir Spaß macht, in dem du dich extrem anstrengst.

Außerdem erreichst du seit ein paar Wochen deine Aufmerksamkeitsziele innerhalb des Unterrichts, damit du dich in der jetzigen

Woche gut beteiligen kannst. In dieser Woche schwänzt du keine Stunden, damit du in jeder Stunde das Ziel erreichst, und ziehst an den Tagen, bei denen du deinen alten Geschichtslehrer hast, eine Jeans an, weil du weißt, wie sehr er Jogginghosen hasst.

Am Monatsanfang hast du eine neue Deutschlehrerin bekommen und strengst dich für einen guten ersten Eindruck extrem an. In den anderen Fächern hast du es bis Dienstag immer geschafft, dich dreimal zu melden oder einmal drangekommen zu sein. Am Mittwoch hast du Englisch. In diesem Fach hast du wegen deiner Aussprache immer extreme Angst, dich zu melden, weshalb du dem Lehrer dein Heft abgibst. Die Strategie, sich einfach immer bei der Hausaufgabenkontrolle zu melden, funktioniert bis Freitag extrem gut, um die stündlichen Meldeziele zu erreichen. Am Freitag hast du Motivationsprobleme, zur Schule zu gehen, weil du an dem Tag eine Arbeit schreibst. Zum Glück hast du schon von Dienstag bis Donnerstag mit deinem Lernbuddy gelernt und bist halbwegs gut vorbereitet. Du kannst dich motivieren und gehst zur Schule. Abgesehen von der Arbeit/Klausur macht ihr in einem Fach gerade Gruppenarbeit und du hast dich freiwillig gemeldet, eure Ergebnisse vorzustellen. Dein Meldeziel erreichst du locker, indem du den anderen Gruppen Feedback gibst.

Auf dem Weg von der Schule nach Hause realisierst du, dass du Phase 1 geschafft hast. Super!! War doch gar nicht so schwer, oder? Vermutlich stellst du erstaunt fest, dass dir die Schule durch die besseren Freundschaften, auf die du einen Fokus gelegt hast, aber auch dadurch, dass du im Unterricht mehr mitbekommst und die Zeit schneller vergeht, mehr Spaß macht.

Ich hoffe wirklich, dass diese Woche bald für dich kommen wird. Dieses Kapitel gibt dir genug Tipps und Tricks an die Hand, um das Phasenziel zu erreichen. Jetzt liegt es an dir. Gib alles! Falls es mal mit der Motivation bergab geht, denke immer daran, wie viel du schon geschafft hast, und an dein Traumleben in der Zukunft sowie an die Belohnung, die du mit deinen Eltern abgesprochen hast.

Sobald du diese Phase geschafft hast, hast du alle Grundlagen gelegt, die du benötigst, um die nächsten Tipps und Tricks, die dich zu einem cleveren Schüler machen, anzuwenden!

Du wirst es schaffen. Ich glaub an dich!

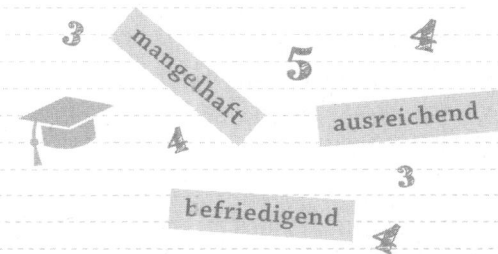

Phase 2

Herzlichen Glückwunsch! Du hast die erste Phase erfolgreich bestanden. Jetzt musst du noch eine Schippe drauflegen: Das Phasenziel für Phase 2 ist, in einer Woche in jeder Stunde zwei- bis dreimal drangenommen zu werden. Da in der Schule nicht bewertet wird, wie oft du dich meldest, sondern was du zum Unterricht beiträgst, geht es in dieser Phase nur noch darum, wie oft du drangenommen wirst. Außerdem wird es dein Ziel sein, ein weiteres Fach zu finden, das dir Spaß macht und in dem du dich richtig anstrengst und versuchst, im nächsten Zeugnis oder Quartal eine Notenstufe besser zu werden.

In diesem Kapitel werde ich dir zeigen, wie und mit welchen Tipps und Tricks du diese neuen Ziele erreichen kannst und in die nächste und finale Phase kommst. Viel Spaß!

Schließ einen »Drannehm-Deal« ab

Nachdem es in der ersten Phase darum ging, die Grundlagen zu legen, konzentrieren wir uns in dieser Phase vor allem darauf, wie du mündlich mit einfachen Mitteln eine gute Note bekommen und deine Lehrer-Schüler-Beziehung verbessern kannst. Der »Drannehm-Deal« ist dafür die Grundlage!

Der »Drannehm-Deal« wurde von der Lehrerin Isabelle Nagel entwickelt, um schlechte Schüler dazu zu bringen, sich selbst zu verpflichten, sich mehr in der Schule anzustrengen. Laut ihr ist die Einstellung gegenüber der Schule der Hauptgrund für schulischen Erfolg und Misserfolg. Durch den »Drannehm-Deal« liegt es im Interesse des Schülers, sich anzustrengen, wodurch sich die Einstellung gegenüber der Schule deutlich verbessert.

Und wie geht das?

Der »Drannehm-Deal« ist ein Vertrag zwischen einem Lehrer und einem schlechten Schüler. In dem Vertrag verpflichtet sich der Lehrer, den Schüler eine abgesprochene Anzahl von Malen innerhalb einer Unterrichtsstunde dranzunehmen, zum Beispiel drei Mal. Der Schüler verpflichtet sich im Gegenzug, aufzupassen und sich so lange zu melden, bis er dreimal drangenommen wurde. Wenn der Schüler aufhört, sich zu melden, bevor er dreimal drangenommen wurde, darf der Lehrer den Schüler, ohne dass er sich gemeldet hat, drannehmen, um seinen Teil der Abmachung einzuhalten.

Der »Drannehm-Deal« hat extrem viele Vorteile:

1. Wenn du dem Lehrer als in seinen Augen schlechter Schüler den Vorschlag machst, solch einen »Drannehm-Vertrag« abzuschließen, und ihm erklärst, dass du dich verbessern möchtest, wird er sich freuen und dich gleich positiver sehen, weil du zeigst, dass du dich anstrengen möchtest. So

kannst du den Teufelshörner-Effekt in den Halo-Effekt umkehren! Wenn du dich dann immer die abgesprochene Anzahl von Malen meldest und nicht nur kompletten Müll redest (was ich nicht hoffe), wird der Lehrer dir mit 99-prozentiger Wahrscheinlichkeit eine viel bessere Note als zuvor geben.

2. Dadurch, dass du ungewollt drangenommen werden kannst, wenn du dich nicht innerhalb einer Stunde wie abgesprochen meldest, wirst du gezwungen, die ganze Stunde oder bis du dreimal drangenommen wurdest, aufzupassen und dich zu melden. Denn jeder Schüler hasst es zu wissen, dass er gleich ungewollt drangenommen wird und etwas Peinliches vor der Klasse sagen könnte.

3. Deine Einstellung gegenüber der Schule ändert sich: Da du gezwungen wirst, immer mindestens so lange aufzupassen, bis du zum Beispiel dreimal drangenommen wurdest, wird es nach einer gewissen Zeit normal für dich, im Unterricht aufzupassen und dich zu beteiligen. Dadurch verändert sich deine Einstellung gegenüber der Schule und irgendwann ist es für dich Routine aufzupassen und dich zu melden (vielleicht sogar irgendwann mehr als die abgesprochene Anzahl). Wenn du mehrere Stunden hintereinander aufpasst, wirst du die Zusammenhänge in den Themen verstehen, wodurch die Schule aufhört, langweilig zu sein, und anfängt, Spaß zu machen! Obendrein sparst du dir so eine Menge Lernerei vor den Klausuren.

4. Der »Drannehm-Deal« ist besonders hilfreich für Schüler, die in der Schule Motivationsschwierigkeiten haben. Dadurch, dass es keine Alternative dazu gibt, dich zu beteiligen, wird es dir viel leichter fallen, deine Phasenziele in einem Fach zu erreichen.

Ich hoffe, du kannst nachvollziehen, wie hilfreich der »Drannehm-Deal« ist. Ich würde dir empfehlen, in deinem schlechtesten Fach mit dieser Strategie anzufangen und zuerst deinem Lehrer eine E-Mail zu schreiben. Warum eine E-Mail? Lehrer sind meistens im Stress und haben keine Zeit. Es wird für dich wahrscheinlich ziemlich schwer sein, deinem Lehrer in der Schule auf dem Gang in zehn Sekunden den Drannehm-Deal zu erklären, bevor er zur nächsten Stunde weiterhetzt. Außerdem ist es für dich bestimmt auch angenehmer, wenn deine Mitschüler davon nichts mitbekommen. Schreib in der E-Mail, dass du dich in seinem Fach verbessern möchtest, erklär ihm, was der »Drannehm-Deal« ist und dass du den Deal in Form eines schriftlichen Vertrags mit ihm abschließen möchtest. Weshalb ein schriftlicher Vertrag? Der Lehrer und du, ihr fühlt euch viel mehr verpflichtet, wenn ihr ganz offiziell beide unterschrieben habt. Außerdem zeigst du so deinem Lehrer, dass du es ernst meinst und nicht nur laberst und dich am Ende doch nicht anstrengst.

Wenn der Lehrer dem Drannehm-Deal zustimmt, erstelle in Word einen einfachen Vertrag, druck ihn zweimal aus (ein Exemplar für dich und eins für deinen Lehrer), nimm ihn mit zur Schule und unterschreibe beide Exemplare mit dem Lehrer am Ende einer Schulstunde. So einfach geht's.

Jetzt führt nicht nur kein Weg mehr daran vorbei, dass du dein Phasenziel in diesem Fach erreichst und deine Note verbesserst, sondern obendrauf wird der Lehrer dich als motivierten Schüler sehen, wodurch der Halo-Effekt anfängt, für dich zu arbeiten!

PS: Am besten ist es natürlich, wenn du in mehreren Fächern einen »Drannehm-Deal« aushandelst.

Achte auf deine Sitzrichtung und -haltung

Du denkst dir jetzt bestimmt: »Hä? Es ist doch scheißegal, wie und in welcher Richtung ich sitze!« Überleg dir mal, wie du dich fühlen würdest, wenn du mit jemandem ein Date in einem Restaurant hast und diese Person die ganze Zeit von dir weggedreht sitzt. Lass mich raten: Du würdest dich bestimmt ignoriert und abgewiesen fühlen. Genau das fühlen Lehrer den ganzen Tag in der Schule, wenn sie vor einer Klasse stehen. Es kommt auf die Tischordnung an, ob es wirklich so extrem ist wie in dem Beispiel. Aber die meisten Schüler zeigen durch ihre Sitzhaltung, dass sie überhaupt kein Interesse am Lehrer und dem Stoff, den er ihnen beibringen will, haben. Wenn du dann die einzige Person im Raum bist, die mit ihrer Sitz- und Körperhaltung zeigt, dass sie aufpassen möchte, stichst du extrem aus der Masse heraus. Dem Lehrer wird das auch unterbewusst auffallen und er wird dich besser bewerten.

Wie machst du das? Das Allerwichtigste ist, dass du und dein Körper den Lehrer direkt angucken. Tu so, als wäre deine Brust ein Laserpointer. Dieser Laiserpointer muss immer auf den Lehrer zeigen. Das heißt, wenn er sich von dir aus gesehen nach rechts bewegt, zum Beispiel zur Fensterseite, drehst du deinen Stuhl ein wenig nach rechts, sodass dein Laserpointer wieder auf ihn zeigt. Falls der Lehrer auf und ab geht, musst du natürlich nicht die ganze Zeit wie ein Verrückter deinen Stuhl verschieben. Sobald dein Lehrer aber mehr als zehn Sekunden an einem neuen Ort stehen bleibt, solltest du deinen Stuhl bewegen. Falls dein Lehrer auf und ab geht, reicht es, wenn du deinen Körper und Kopf einfach nur drehst.

Wenn du zum Beispiel seitlich zum Lehrer sitzt (viele Klassen sitzen in einem U), reicht es nicht, wenn du einfach deinen Kopf oder Körper drehst. Es ist extrem wichtig, dass du immer auch deinen Stuhl in die Richtung deines Lehrers drehst, weil du so zeigst, dass du ihm deine volle Aufmerksamkeit gibst. Es hilft dir, wenn du darauf achtest, dass deine beiden vorderen Stuhlbeine in Richtung deines Lehrers zeigen und du dadurch deinen Körper nicht verdrehen musst, um mit dem imaginären Laserpointer auf deiner Brust auf den Lehrer zu zeigen. Super Side Effect: Du sitzt auch bequemer, wenn der Stuhl in dieselbe Richtung guckt wie dein Körper.

Was sind die Vorteile dieser besonderen Sitzrichtung? Das Hauptziel dieses Tricks ist wie gesagt, aus der Masse der Schüler herauszustechen, die durch ihre Sitzrichtung nicht zeigen, dass sie dem Lehrer aufmerksam folgen. Selbst wenn du im Unterricht gar nicht viel sagst, wird der Lehrer bei der Notenbesprechung denken: »Der ist doch immer sehr aufmerksam.« So kannst du deine Note auf ein halbwegs gutes Niveau bringen, wenn du mündlich noch nicht so gut oder sehr schüchtern bist, ohne dich am Unterricht beteiligen zu müssen.

Außerdem kann dir deine Sitzrichtung auch sehr helfen, selbst nicht abgelenkt zu werden. Wenn du dich von deinen Sitznachbarn weg und in die Richtung deines Lehrers drehst, werden sie dich viel weniger im Unterricht ansprechen und ablenken. So kannst du deine Aufmerksamkeitszeiträume (siehe Phase 1) aktiv und effektiv verlängern. Du verstehst die Themen viel besser, was dir natürlich auch helfen wird, dich mal zu melden. Sobald du lang genug aufmerksam im Unterricht warst, kannst du bewusst anfangen, mit deinen Freunden zu reden. So kannst du sehr gut die Aufmerksamkeitsphasen von den »Spaßphasen« trennen.

Auch wenn du anfangs vielleicht verwirrt warst, hast du hoffentlich verstanden, wie hilfreich deine Sitzrichtung für deine mündliche Note und die Wahrnehmung des Lehrers sein kann. Probier es morgen einfach mal aus!

Guck YouTube

Da wir nicht mehr in der Steinzeit leben, benutzt du (hoffentlich) wie fast alle Schüler beim Lernen nicht nur deine (meistens) schlechten Aufzeichnungen aus dem Unterricht, sondern auch Onlineangebote wie YouTube-Videos oder Apps (simpleclub zum Beispiel gibt es als beides). Jeder Schüler kennt diesen Moment, wenn man dank eines Videos ein Thema in weniger als zehn Minuten versteht, nachdem man vier Stunden lang im Unterricht nichts gecheckt hatte. Außerdem gibt es bestimmt viele, die dank der Videos von Daniel Jung oder dem »Mathe-simpleclub« ihre Mathenote oder dank »MrWissen2go« ihre Geschichtsnote retten konnten.

Die Frage, die sich jetzt aber stellt, ist: Warum benutzt du diese unglaublichen Hilfsmittel erst kurz vor der Arbeit/Klausur? Warum benutzt du sie nicht auch für deine mündliche Mitarbeit?

Ich hatte ein Mädchen in meinem Geschichtskurs, das in der zweiten Stunde, nachdem wir mit dem Thema »Französische Revolution« angefangen hatten, alles über das Thema wusste. Sie kannte alle wichtigen Personen, Orte, an denen etwas Wichtiges passiert war, und sogar die Anzahl der Toten bei verschiedenen Schlachten. Ich war komplett verwirrt und überwältigt, weil ich gedacht hatte, ich wäre mit meinem Laienwissen schon gut dabei, weil ich ein paar wenige Ereignisse ungefähr einordnen konnte. Als der Lehrer sie fragte, woher sie all das wüsste, sagte sie: »Meine Eltern haben mich früher immer in Museen gezerrt und ich hab's mir irgendwie gemerkt.« Ich glaubte ihr nicht, da sich kein Mensch die genaue Anzahl von Toten einer Schlacht merkt, von der er oder sie irgendwann vor ein paar Jahren in einem Museum gehört hat. Als ich sie alleine fragte, woher sie all das wusste, meinte sie nur: »Es gibt viele gute Dokus auf YouTube ...«

Warum machst du es nicht genau wie sie? Du musst nur diese Schritte nachmachen:

1. Frag am besten deinen Lehrer, welche Themen in diesem Halbjahr oder Quartal drankommen werden, oder pass auf, wenn ihr etwas Neues in der Schule anfangt. Meistens erklären die Lehrer dann, was ihr in der nächsten Zeit zu dem Thema alles machen werdet.

2. Such dann einfach dieses Thema auf YouTube und such dir ein oder mehrere Videos, welche dir dieses neue Thema in ein paar Minuten erklären.

3. Dann bist du deinen Mitschülern voraus und kannst perfekt im Unterricht mitarbeiten und ohne viel Anstrengung eine sehr gute mündliche Note abstauben.

Achtung: Es kann vorkommen, dass dein Lehrer fragt, woher du all dieses Wissen hast, weil es so ungewöhnlich ist. Ich würde so was sagen wie: »Ich hab das irgendwo mal gehört«, oder: »Ich hab mir das irgendwann mal angeguckt«, oder: »Ich fand das spannend und hab ein bisschen recherchiert« (du musst ja nicht erzählen, dass deine Recherche nur auf YouTube stattfand). So verrätst du nicht deinen Trick, aber der Lehrer wird sich freuen, weil du dich auch freiwillig in deiner Freizeit mit seinem Fach beschäftigst, was dir in puncto Halo-Effekt sehr weiterhelfen wird.

Ich hoffe wirklich, du versuchst diesen Trick, da er wirklich in fast jedem Fach funktioniert und du so mit sehr wenig Anstrengung richtig weit kommen kannst. Das ist ein Trick für echt clevere Schüler!

Frag deinen Lehrer nach der Klausurrückgabe, wo du dich verbessern kannst

Auch wenn es dich vielleicht gar nicht interessiert, ist es extrem sinnvoll, den Lehrer, wenn du eine Arbeit/Klausur zurückbekommen hast, zu fragen: »Wo soll ich mich schriftlich verbessern?« Diese Frage kann dir stark helfen, deine Note zu verbessern:

1. Lehrer lieben es, wenn du als Schüler zeigst, dass du aus deinen Fehlern lernen möchtest und dich verbessern willst. Deswegen lieben sie auch die Berichtigung sehr, weil sie denken, man würde wirklich bewusst nach Fehlern suchen, auch wenn jeder Schüler einfach versucht, möglichst schnell fertig zu sein. Deshalb wird dich dein Lehrer, gerade wenn du eigentlich ein schlechter Schüler bist, nur durch diese einfache Frage in einem anderen Licht sehen (Halo-Effekt).
2. Die Tipps, die du bekommst, können wirklich hilfreich sein. Wenn du zum Beispiel häufig einen bestimmten Fehler machst, helfen dir die gezielten Hinweise deines Lehrers, in der nächsten Arbeit/Klausur stärker darauf zu achten; so bekommst du eine bessere Note.
3. Eine Frage zu stellen erfordert überhaupt keine Anstrengung. Das Anstrengung-zu-Ergebnis-Verhältnis ist unglaublich gut. Jeder, der diesen einfachen Trick nicht anwendet, ist selber schuld.

Probier das doch einfach mal nach der nächsten Arbeit oder Klausur. Es gibt fast keinen anderen Trick, der so einfach und effektiv ist!

Stelle in der Arbeitsphase eine aufgabenbezogene Frage

Es gibt viele Wege, den Lehrer so zu beeinflussen (Halo-Effekt), dass du eine gute mündliche Note und Zeugnisnote bekommst. Dazu haben mir die besten Schüler Deutschlands viele Tricks verraten, aber der simpelste, den du wirklich morgen direkt in der Schule anwenden kannst, ist, in der Arbeitsphase Fragen zu stellen.

Du denkst dir jetzt bestimmt: »Ist das alles? Ist das der superkrasse Tipp?« Genau diese Frage habe ich mir auch innerlich gestellt, als mir ein Schüler im Interview das erste Mal diesen Tipp nannte. Als mir dann aber die Vorteile dieses banal klingenden Tricks erklärt wurden, war ich überzeugt:

1. Der erste Vorteil ist, dass du im Kopf des Lehrers drinbleibst. Durch Fragen in der Arbeitsphase interagiert der Lehrer öfter mit dir, wodurch du eher in seinem Gedächtnis hängen bleibst als ein Schüler, der hinten rechts in der Ecke sitzt und nie etwas sagt. Je öfter du die Aufmerksamkeit deines Lehrers hast, desto aktiver wirkst du im Unterricht, was am Ende, wenn der Lehrer die Noten eintragen muss, einen großen Einfluss darauf hat, wie gut deine mündliche Note sein wird. Das Schöne daran ist: Du musst noch nicht mal was wissen, um hier Pluspunkte zu sammeln!!! Du musst nur fragen!

2. Der zweite Vorteil ist, dass du deinem Lehrer zeigst, dass du das Thema wirklich verstehen möchtest. Warum ist das so wichtig? Guck dich morgen einfach mal in deiner Klasse um: Wer, denkst du, vermittelt dem Lehrer den Eindruck, dass ihn das Thema wirklich interessiert und dass er es unbedingt verstehen möchte, und wer sieht eher so aus, als

würde er nur auf den Gong warten? Ich wette, dass die meisten eher zur zweiten Gruppe gehören. Durch Fragen in der Arbeitsphase (zum Beispiel zu einer Aufgabe auf einem Arbeitsblatt) zeigst du deinem Lehrer, dass du wirklich Interesse hast. So ein Engagement wird von Lehrern sehr gerne gesehen, weil sie selber das Fach, das sie unterrichten, extrem faszinierend finden und jemandem, der ein ähnliches Interesse hat, dann auch gerne mal eine gute mündliche Note geben – nur für diese geteilte Faszination.

3. Der dritte Vorteil ist, dass du individuelle Tipps von deinem Lehrer bekommst. Das ist eigentlich ziemlich offensichtlich, aber viele Schüler nutzen diese Methode nicht. Falls du wirklich etwas nicht verstehst, bekommst du das Thema noch ein zweites Mal auf dich angepasst von deinem Lehrer erklärt, was die Chance extrem erhöht, dass du es danach verstanden hast. Mit diesem Wissen kannst du dich wiederum im Unterricht einfacher mündlich beteiligen. Du fragst dich jetzt vielleicht, was du tun sollst, wenn du die Aufgabe oder das Arbeitsblatt, das du bearbeiten musst, komplett verstanden hast und keine Frage hast. Dann fragst du am besten einfach: »Ist das, was ich geschrieben habe, richtig?«, oder: »Kann man das hier so schreiben?« So zeigst du deinem Lehrer wieder, dass es für dich wichtig ist, das Thema zu verstehen, und du bekommst, wenn du zum Beispiel einen Text geschrieben hast, Tipps, worauf der Lehrer im Schriftlichen besonders viel Wert legt. Das hilft dir später, in der Arbeit/Klausur genau das zu schreiben, was dir eine gute Note bringt.

4. Der vierte Vorteil ist, dass du eine sichere Meldung bei der anschließenden Besprechung der Arbeitsblätter bekommst, wenn du eine Frage in der Arbeitsphase gestellt hast. Das

liegt am dritten Vorteil, den wir gerade hatten. Wenn du zum Beispiel in Mathe deinen Lehrer in der Arbeitsphase fragst: »Ist diese Aufgabe richtig?«, werden die meisten Lehrer dir sagen, ob deine Antwort richtig oder falsch ist. Wenn der Lehrer bestätigt, dass sie richtig ist, kannst du dich, ohne Sorgen zu haben, bei der Besprechung der Ergebnisse melden. Wenn du aus »Ist diese Aufgabe richtig?« kurz vor Ende der Arbeitsphase »Sind diese Aufgaben richtig?« machst und der Lehrer dir eine Antwort gibt, kannst du danach super bei der Überprüfungsphase Punkte sammeln. Das hilft vor allem auch Schülern, die chronische Angst davor haben, etwas Falsches vor der Klasse zu sagen.

Auch wenn du noch etwas skeptisch bist, rate ich dir, es einfach ab morgen in der Schule mal auszuprobieren. Deine mündliche Note bei der nächsten Notenbesprechung wird dich umhauen.

PS: Diese Fragen zählen natürlich genauso zu deinem Phasenziel, wie im Unterricht drangenommen zu werden.

Werde ein Referate-Gott

Referate und Vorträge können dir sehr helfen, deine mündliche Note zu verbessern. Es gibt viele Faktoren, die einen Vortrag gut oder schlecht machen können. Ich versuche, dir kurz die wichtigsten Tipps für einen Bombenvortrag zu erklären.

Sprechtempo und Lautstärke: Konzentriere dich darauf, nicht zu schnell oder zu langsam zu reden. Ebenso wichtig ist es, dass du laut genug redest. Gerade wenn du eher ein schüchterner Mensch bist, könntest du zu den Personen gehören, die bei einem Referat immer vorne stehen und flüstern. Am besten übst du den Vortrag zu Hause und nimmst dich mit dem Handy auf, dann bekommst du einen Eindruck, wie du klingst.

PowerPoint: Benutze immer eine PowerPoint-Präsentation. Diese Präsentationen sind extrem einfach zu erstellen, du hast viele kreative Freiheiten und es geht viel schneller, am Computer eine gute PowerPoint-Präsentation zu erstellen, als zum Beispiel ein Plakat von Hand zu zeichnen.

Bau am besten deine Präsentation so auf, dass immer auf eine Folie mit zum Beispiel einem Bild oder einem Video eine Fakten-Folie folgt, auf der die wichtigsten Fakten zu dem Gezeigten stehen. So kannst du frei über das Bild reden und danach das, was du gesagt hast, noch mal Schwarz auf Weiß präsentieren.

Es ist wichtig, dass du viele Folien ohne Text hast. Nutze lieber Bilder oder Videos, weil deine Zuschauer die Infos von dir bekommen sollen, anstatt sie abzulesen. Wenn du alles auf die Folien packst, hört dir niemand mehr zu, weil alle mit Lesen beschäftigt sind. Das Besondere an einem Vortrag ist ja gerade, dass man ein neues Thema von einer Person in ihren eigenen Worten erklärt bekommt und nicht nur stumpf von der Tafel abliest. Auf die Folien gehören nur Stichpunkte, keine ellenlangen Texte.

Gerade wenn du viel mit PowerPoint-Präsentationen arbeitest, lohnt es sich, eine Fernbedienung (Presenter) zu kaufen, um noch professioneller vorzutragen und nicht immer der Person am Computer sagen zu müssen: »Marie, drück eine Folie weiter.«

Quellen: Lehrer lieben es extrem, wenn du auf der letzten Folie deiner Präsentation deine Quellen angibst. das heißt, woher du die Infos in deinem Referat hast. Warum? Es zeigt Professionalität, weil bei wissenschaftlichen Arbeiten im Studium auch Quellen angegeben werden müssen.

Der Wikipedia-Trick: Was, wenn du alle deine Infos von Wikipedia hast? Wie du bestimmt aus eigener Erfahrung weißt, hassen Lehrer es, wenn Schüler nur bei Wikipedia recherchieren. Da gibt es aber einen einfachen Trick: Wikipedia ist nämlich auch einfach eine Zusammenfassung aus verschiedenen Quellen. Scroll einfach bei deiner Wikipedia-Seite nach unten bis zu dem Punkt »Einzelnachweise«. Dann kannst du die dort angegebenen Webseiten als Quelle für dein Referat benutzen, ohne lügen zu müssen. Im Handumdrehen hast du so eine beeindruckende Quellenliste.

Handout: Abgesehen von den Quellen gibt es noch eine zweite Sache, die Lehrer lieben: Handouts. Handouts sind Zettel, auf denen noch mal alles Wichtige aus dem Referat schriftlich zusammengefasst ist und die sich die Zuhörer in ihren Ordner abheften können. Auch wenn Handouts noch mal ein wenig mehr Arbeit sind, empfehle ich dir, sie zu machen. Es macht wirklich großen Eindruck, wenn du die einzige Person bist, die ein Handout hat. Wenn du noch einen Schritt weiter gehen möchtest, kannst du in dem Handout auch Lücken-Aufgaben einfügen und dann nach deinem Vortrag die Zuhörer abfragen und die Lücken ausfüllen lassen, um zu checken, wer aufgepasst hat. Das werden Lehrer lieben, weil du so deine Mitschüler zwingst aufzupassen, wodurch sie dein Thema wirklich verstehen.

Der Start UND das Ende sind das A und O: Es ist wissenschaftlich bewiesen, dass besonders der Start und das Ende des Vortrages im Kopf der Zuhörer bleiben. Deswegen ist es wichtig, dort herauszustechen, um eine gute Note zu bekommen. Starte mit einem provokativen Fakt, einer Geschichte oder einer Frage. Beende deinen Vortrag nicht mit: »Jo, dass war's«, sondern starte eine Diskussion in der Klasse, indem du fragst: »Was denkt ihr darüber?«, oder wenn du am Anfang mit einer Frage eingeleitet hast, beantworte diese Frage am Ende.

Proben: Gerade wenn du ein Referat über ein schwieriges Thema halten musst, ist es wichtig, dass du es ein paarmal vorher probst. Ich empfehle dir, an den drei Abenden vor und am Morgen des Tages, an dem du vortragen musst, dein Referat zu proben. Wichtig dabei ist, dass du nicht nur deinen Text aufsagst, sondern auch deine PowerPoint-Folien in deinen Proben miteinbaust, damit du dann beim Vortrag nicht in Stress gerätst, weil du sowohl reden als auch mit deinen Folien arbeiten musst.

Ich hoffe, diese Tipps und Tricks helfen dir bei deinem nächsten Referat, eine gute Note zu bekommen. Vielleicht rettet das Referat dich vor einer 5 in deinem schlechtesten Fach.

Schaffe dir Hilfsmaterial an

Abgesehen von deinem Standardschulbuch bieten Schulbuchverlage noch viele weitere Materialien an, die dir helfen, in der Schule zu punkten. Es gibt zum Beispiel bei Mathebüchern häufig ein Lösungsheft, das man kaufen kann (wenn die Lösungen nicht bereits hinten im Buch stehen). Meistens steht dort nicht der ganze Rechenweg, aber du bekommst eine Ahnung davon, wie eine Aufgabe gerechnet werden soll, wodurch du deine Mathehausaufgaben viel schneller erledigen kannst. Außerdem kannst du dir bei der

Hausaufgabenbesprechung sicher sein, dass du das richtige Ergebnis hast. Ganz wichtig: Mach die Hausaufgaben, auch wenn du aus so einem Lösungsheft die Lösung kennst. Du hast nichts davon, wenn du nicht übst. Spätestens vor der nächsten Arbeit holt dich das ein. Gerade in Mathe ist üben, üben, üben total wichtig. Nimm das Lösungsheft als Unterstützung, nicht als Hilfe beim Faulsein. (Außerdem ist es sehr auffällig, wenn bei deinen Hausaufgaben nie ein Rechenweg steht, sondern immer nur die finale Lösung.)

Bei Lektüren in Deutsch gibt es sogenannte Lektüreschlüssel oder Interpretationshilfen, in denen eigentlich alles drinsteht, was ihr im Unterricht besprechen werdet (und meistens sogar noch mehr). Wenn du so ein Ding gelesen hast, kannst du dich perfekt am Unterricht beteiligen und bekommst für die Arbeit/Klausur viele Extratipps. Achtung: Du solltest lieber vermeiden, diese Hilfsmittel offen in der Schule zu benutzen. Entweder sieht es dein Lehrer und wird checken, dass dies der Grund ist, weshalb du auf einmal so gut bist, oder andere Klassenkameraden werden es sehen und es vielleicht dem Lehrer sagen, weil sie neidisch sind. Deswegen lies dir die wichtigen Stellen im Buch am Abend vor der Stunde durch, damit du sie im Kopf hast, wenn du im Unterricht sitzt.

Wenn du kein Fan von YouTube-Videos bist und sie vielleicht zu oberflächlich findest, gibt es zum Beispiel auch für Geschichte kleine Hilfsbücher, die das Wichtigste aus bestimmten Epochen kurz und einfach erklären.

Gerade für Mathe und Deutsch sind diese Hilfsmittel ein Muss. Frag einfach deine Eltern, ob sie sie dir kaufen können.

Verbessere deine Rechtschreibung

Egal, welches Fach: Überall wird die Rechtschreibung mitbewertet. In manchen Bundesländern, Schulen, Fächern kann es so weit gehen, dass du wegen deiner schlechten Rechtschreibung sogar eine Note abgezogen bekommst. Deshalb ist es extrem wichtig, dass du eine halbwegs gute Rechtschreibung hast. Nicht nur für deine Schulnote, sondern auch für deinen späteren Job. Willst du zum Beispiel eine Bewerbung voller Rechtschreibfehler abschicken, die dich deinen Traumjob kosten könnte? Ich denke nicht.

Wie kannst du jetzt deine Rechtschreibung verbessern?

Zuallererst ist es wichtig herauszufinden, wo deine Probleme liegen: Achtest du einfach aus Faulheit nicht wirklich auf deine Rechtschreibung? Wären deine Texte fast fehlerfrei, wenn du sie noch mal durchlesen würdest, oder hast du richtige Schwächen in Grammatik und Rechtschreibung und müsstest dir eigentlich noch mal die Basics angucken? Falls Zweiteres auf dich zutrifft, ist das überhaupt nicht schlimm. Ich persönlich war auch nicht wirklich der Aktivste in Deutsch in der Grundschule, wo man diese Dinge lernt. Benutze einfach Google und klick dich durch ein paar Webseiten, die die deutsche Grammatik und die Rechtschreibung erklären. Du wirst sicher viele Dinge wiedererkennen und schnell draufkriegen, da du dich ja zum Beispiel mündlich grammatikalisch richtig ausdrücken kannst.

Wenn du dein Wissen aufgefrischt hast, geht es darum, dieses Wissen langfristig im Kopf zu behalten. Eine Strategie, die da sehr gut hilft, ist, die Autokorrektur an deinem Handy auszustellen. Du denkst jetzt bestimmt: »Dann ist das aber voll nervig!« Ja, aber genau darum geht es ja. Du musst dir jetzt bei jeder Nachricht noch mal genau überlegen, ob das Wort richtig geschrieben und der Satz grammatikalisch richtig ist. Du wirst nicht mehr innerhalb von fünf Sekunden auf jede Nachricht antworten können, aber deine Rechtschreibung wird deutlich besser. Versuche außerdem, in allen deinen Nachrichten alle Regeln der deutschen Grammatik anzuwenden, also zum Beispiel auch Kommata richtig zu setzen, und komplette Sätze zu schreiben anstatt Satzfetzen. Wenn du das machst, werden deine Sätze auch in der Arbeit/Klausur viel hochwertiger, weil dein Kopf daran gewöhnt ist, durchgehend nur solche Sätze »hervorzubringen«.

Geh jetzt sofort an dein Handy und mach in den Einstellungen die Autokorrektur aus, und ich verspreche dir: Du wirst in ein paar Wochen von deinen Rechtschreib-Skills verblüfft sein!

Minimiere Ablenkung beim Lernen und mach Pausen

Okay. Das waren jetzt echt viele Tipps zur mündlichen Mitarbeit und der Lehrer-Schüler-Beziehung. Nun solltest du gut darauf vorbereitet sein, dein Phasenziel zu erreichen. Abgesehen von diesen beiden Themen ist es in dieser Phase wichtig, auch beim Lernen ein weiteres Level nach oben zu gehen. Das bedeutet, dass es nicht nur drauf ankommt, ob du vor einer Arbeit/Klausur genug lernst, sondern auch, wie:

1. Lass dich nicht ablenken. Es ist sehr wichtig, wo du lernst. In einem Raum, in dem zum Beispiel ein laufender Fernseher steht, kann sich kein Mensch konzentrieren. Es ist wichtig, dass du einen Ort findest, der so wenig Ablenkungen wie möglich bietet, denn diese sind die größten Lernkiller. Wenn du diesen Ort bei dir zu Hause gefunden hast, musst

du deine größte persönliche Ablenkungsquelle entfernen: dein Handy. Du hast bestimmt auch schon die Erfahrung gemacht: Wenn dein Handy in der Nähe liegt, wenn du lernst, und dann etwas Schwieriges kommt, schnappst du dir ganz schnell dein Handy und verschiebst diese Lernsession auf morgen. Damit dir genau das nicht immer passiert, solltest du dein Handy am besten in einen anderen Raum legen oder deinen Eltern geben, damit du nicht einmal die Option hast, danach zu greifen.

2. Mache Lernpausen. Es ist wichtig, dass du nach 30 Minuten Lernen ungefähr fünf Minuten, nach ein bis eineinhalb Stunden ungefähr 15 bis 20 Minuten und nach drei Stunden mindestens eine Stunde Pause machst, da dein Gehirn nicht unendlich lange Wissen aufnehmen kann. Wenn du immer wieder kurze Pausen machst, ist das wie ein »Powernap« für dein Gehirn und du kannst danach viel schneller wieder Wissen aufnehmen als ohne Pause. Achtung: Bei den Pausen ist es wichtig, dass du NICHT an dein Handy gehst. Ich weiß, dass die Verlockung groß ist, aber Instagram und Co. sind eher Stress für dein Gehirn und die Pause ist wertlos. Steh am besten auf und bewege dich ein bisschen, wenn möglich an der frischen Luft. Iss eine Kleinigkeit, zum Beispiel Obst, oder mach ein paar leichte körperliche Übungen wie fünf Liegestütze.

Auch wenn das vielleicht etwas komisch klingt (gerade das Handy-Weglegen), werden dir diese Tipps helfen, extrem viel neue Freizeit zu bekommen. Falls du diese beiden Tricks nicht anwendest, dauert es für dich einfach viel länger, etwas zu lernen, weil du entweder die ganze Zeit am Handy hängst oder dein Gehirn nach einer Stunde Lernen schon Matsch ist, du aber dennoch weiterlernst und nichts mehr behalten kannst. Wenn du vor der nächsten Arbeit/Klausur diese beiden Tipps beachtest, wirst du deine Lernzeit drastisch reduzieren können und hast mehr Freizeit als zuvor. Denk immer dran: Du bist vielleicht kein superguter, aber ein cleverer Schüler!

Zusammenfassung für Faule

1. Handel einen »Drannehm-Deal« mit deinem Lehrer aus, durch den deine mündliche Note durch die Decke gehen wird!

2. Dreh deinen Stuhl immer so, dass dein Körper in Richtung des Lehrers zeigt. So merkt der Lehrer unterbewusst, dass du ein aufmerksamer Schüler bist.

3. Frage deinen Lehrer nach dem nächsten Unterrichtsthema und guck dir vor der Stunde ein Video dazu an. So wirst du schlauer wirken als alle Streber!

4. Frag deinen Lehrer nach einer Klausur, was du verbessern sollst. So sieht dein Lehrer dich als motivierten Schüler.

5. Stelle in der Arbeitsphase Fragen, weil du dadurch im Kopf des Lehrers hängen bleibst, wie ein interessierter Schüler wirkst, individuelle Tipps und Erklärungen bekommst und später bei der Aufgabenkontrolle immer die richtige Antwort weißt.

6. Werde der Referate-Gott an deiner Schule.

7. Benutze Hilfsmittel wie Lösungshefte in Mathe, und habe einen Vorteil gegenüber deinem Lehrer.

8. Wenn du die Rechtschreibung nicht gut beherrschst, wirst du in jedem Fach Punktabzug bekommen. Deswegen mach dich fit und stell deine Autokorrektur am Handy aus, um das zu beheben.

9. Minimiere Ablenkung und mache Lernpausen, damit du den Unterrichtsstoff innerhalb von zwei Stunden in deinen Kopf bekommst, anstatt einen Tag lang zu lernen.

Die Woche, in der du Phase 2 bestehst

Da ab Phase 2 dein Phasenziel darin besteht, eine bestimmte Anzahl von Malen drangenommen zu werden, musstest du dich häufiger melden. Deswegen hast du in deinem schlechtesten Fach mit deinem Lehrer den »Drannehm-Deal« abgeschlossen, und seitdem läuft es in diesem Fach. In jeder Stunde in der Woche passt du deine Sitzrichtung so an, dass du vom Lehrer gesehen wirst, und wirst deshalb oft drangenommen.

Am Montag fängt dein Geschichtslehrer das neue Thema »Erster Weltkrieg« an, und du guckst dir am Nachmittag ein YouTube-Video von »MrWissen2go Geschichte« an. Am Dienstag weißt du darum in der Geschichtsstunde schon Bescheid, sodass dein Lehrer denkt, du seist ein superengagierter Schüler. Am Mittwoch bekommst du deine Englischarbeit/-klausur zurück. Du gehst zu deinem Lehrer und fragst ihn, was du besser machen kannst, woraufhin er von dir positiv überrascht ist und dir Tipps gibt. Am Donnerstag stellst du in Chemie in der Arbeitsphase eine Frage an deine Lehrerin und kannst dich danach extrem gut bei der Besprechung der Ergebnisse beteiligen. Deine Lehrerin ist begeistert. Am Donnerstagabend kommt dein Lösungsheft für Mathe an, mit dem du die Hausaufgaben viel einfacher machen kannst als zuvor. Freitag ist dein Mathelehrer erstaunt, dass du als einer von wenigen eine schwere Aufgabe lösen konntest. Da du nächste Woche eine Deutscharbeit/-klausur schreibst, lernst du am Freitagnachmittag an deinem persönlichen Lernplatz und merkst, wie sehr deine Rechtschreibung sich verbessert hat, seitdem du die Autokorrektur ausgeschaltet hast.

Am Freitagabend realisierst du, dass du dein Phasenziel bestanden hast! Yesss! Es war bestimmt nicht einfach, aber du hast dich dank der Tipps und Tricks durchgebissen und es geschafft. Außerdem merkst du, dass sich deine Einstellung zur Schule im Vergleich zu Phase 1 stark verbessert hat. Du würdest immer noch nicht freiwillig in die Schule gehen, weil es dir so viel Spaß macht, aber es ist nicht mehr so schlimm wie früher und du hast herausgefunden, dass manche Fächer wirklich Spaß machen!

Ich hoffe, ich habe dir in dieser Phase genug Tipps und Tricks gegeben, um dieses deutlich schwierigere Phasenziel zu erreichen. Auch wenn du das Phasenziel noch nicht erreicht hast, hoffe ich, dass du so langsam merkst, dass die Schule nicht mehr so schlimm ist wie zum Beispiel vor drei Monaten. Wenn du dieses Gefühl hast, bin ich mir sicher, dass du auf dem richtigen Weg bist und auch dieses Phasenziel meistern wirst! Ich glaub an dich!

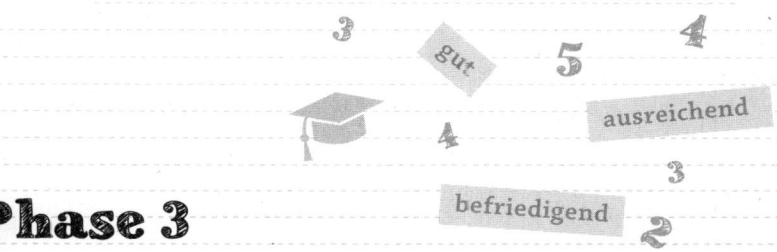

Phase 3

Herzlichen Glückwunsch, du hast die zweite Phase erfolgreich bestanden. Jetzt musst du alles geben. Das Phasenziel für Phase 3 ist, in einer Woche in jeder Stunde drei- bis viermal drangenommen zu werden. Außerdem wird dein Ziel sein, ein weiteres Fach zu finden, das dir Spaß macht und in dem du dich richtig anstrengst und versuchst, im nächsten Zeugnis oder Quartal eine Notenstufe besser zu werden. In diesem Kapitel werde ich dir zeigen, wie und mit welchen Tipps und Tricks du dieses letzte Ziel erreichen kannst und die Phase erfolgreich abschließt. Viel Spaß!

Finde deine Schwachstellen und behebe sie

Du bist schon mitten in der Transformation von einem schlechten zu einem cleveren Schüler. Jetzt ist es wichtig, dass du beim Versuch, in mehreren Fächern besser zu werden, nicht im Dunkeln tappst. Wie machst du das am besten?

Einfach alle Tipps und Tricks aus diesem Buch anzuwenden, wäre eine gute Methode, aber auch sehr anstrengend, und deine Energie wäre sehr schnell zu Ende. Deswegen solltest du dir, nachdem du dich entschieden hast, in einem Fach besser zu werden, folgende Fragen beantworten, bevor du dich hinsetzt und irgendetwas machst:

1. Worin bin ich in diesem Fach gut? (zum Beispiel mündliche Mitarbeit, Arbeit/Klausur, Lehrer-Schüler-Beziehung, inhaltlich et cetera)
2. Worin bin ich in diesem Fach schlecht?
3. Auf welche Schwachstellen muss ich mich konzentrieren, um besser zu werden?

Vielleicht bist du zum Beispiel in Deutsch mündlich schon recht gut und deine Schwachstelle ist eher die Lehrer-Schüler-Beziehung. Wenn du dir die oben genannten Fragen nicht stellst, ist dir das aber vielleicht gar nicht so wirklich bewusst. Du würdest den Tricks aus diesem Buch folgen und dich in der mündlichen Mitarbeit reinhängen. Es würde aber gar nichts bringen, da dieser Bereich nicht deine Schwachstelle und daher auch nicht der Grund für deine schlechte Note in diesem Fach ist. So wärest du extrem schnell demotiviert und würdest aufgeben. Und das wollen wir natürlich nicht!

Versuche deswegen, in jedem Fach herauszufinden, wo deine größte Schwachstelle liegt. Denn dort führt selbst die kleinste Anstrengung am schnellsten zu einer besseren Note und du wirst zu einem cleveren Schüler!

Melde dich, ohne die Antwort zu wissen

Wahrscheinlich denkst du jetzt, ich wäre verrückt. Aber lies bitte weiter. Ich habe viele gute Tipps und Tricks von den besten Schülern Deutschlands erzählt bekommen. Dieser Tipp ist einer von zweien, die mich am meisten umgehauen haben. Du kannst ihn in jedem Fach anwenden und er verbessert deine mündliche Note extrem.

Gucken wir uns kurz an, wie generell das Melden in der Schule abläuft. Zuerst aus der Sicht des Schülers: Du sitzt in der Klasse und der Lehrer stellt eine Frage. Du überlegst kurz und denkst, dass du die richtige Antwort kennst. Du meldest dich und hoffst wie deine Mitschüler, die sich auch melden, drangenommen zu werden. Wenn du Glück hast und drankommst, sagst du deine Antwort. Sie ist entweder richtig oder falsch. Danach nimmt der Lehrer bei der nächsten Frage einen anderen Schüler dran. So läuft es ab, richtig?

Okay, gucken wir uns mal den Meldeprozess aus den Augen des Lehrers an: Der Lehrer steht vor der Klasse. Er erklärt etwas und stellt dann eine Frage dazu. Er gibt den Schülern kurz Zeit, zu überlegen und sich zu melden. Dann nimmt er irgendeinen Schüler dran, der seine Antwort sagt. Dann geht das Spiel wieder von vorne los. Der Lehrer erklärt etwas, stellt eine Frage dazu und die Schüler melden sich. Jetzt passiert die Magie dieses Tricks. Sagen wir, es melden sich Ben, Paula, Lisa und Simon. Ben war gerade schon bei der Frage vorher dran. Wenn du der Lehrer wärst, wen würdest du jetzt bei der zweiten Frage drannehmen und wen nicht?

Lass mich raten: Ich wette, dass du entweder Paula, Lisa oder Simon drannehmen würdest. Ben auf keinen Fall. Lieg ich richtig? Falls nicht, dann gehörst du wirklich zu einer ganz kleinen Minderheit. Die meisten würden, wie ich, Ben auslassen, weil es ja unfair gegenüber den anderen wäre, wenn Ben zweimal hintereinander drankäme und die anderen Schüler gar nicht.

Fair zu sein und nie einen Schüler zweimal hintereinander dranzunehmen, damit alle die Chance haben, sich am Unterricht zu beteiligen, ist nicht nur eine normale Reaktion, sondern wird den Lehrern in ihrer Ausbildung extra beigebracht. Achte mal darauf, wenn du morgen in der Schule bist. Der Lehrer wird nie einen Schüler zweimal hintereinander drannehmen.

Dank diesem Verhalten haben wir gerade eine Taktik gefunden: Wenn Lehrer dich nie zweimal hintereinander drannehmen, ist es doch eigentlich egal, ob du eine Antwort weißt oder nicht, wenn du dich das zweite Mal meldest. Du kommst ja eh nicht dran. Was wäre, wenn Ben die Antwort gar nicht wüsste und sich einfach so gemeldet hätte? Es wäre nie aufgefallen, weil du ihn als Lehrer nicht drannimmst. Du würdest aber registrieren, dass er sich noch mal gemeldet hat, und so geht seine mündliche Note nach oben.

Ziemlich krass, oder? So kannst du aus einer Antwort zwei Meldungen machen!

Natürlich gibt es bei dieser Strategie auch Risiken. In einem von hundert Fällen kann es passieren, dass der Lehrer einen Schüler aus welchem Grund auch immer zweimal hintereinander drannimmt. Dieses Risiko steigt, wenn du dich extrem selten meldest (deshalb zeige ich dir auch den Trick erst in der letzten Phase). Sieht der Lehrer in diesem Fall, dass du dich zweimal hintereinander meldest, wird er dich vielleicht gerne noch einmal drannehmen, weil er nicht weiß, ob er in diesem Halbjahr von dir noch eine weitere

Meldung sehen wird. Falls du dich also selten bis nie meldest (was eigentlich nicht der Fall sein dürfte, wenn du Phase 1 und Phase 2 wirklich bestanden hast), solltest du diese Strategie noch nicht benutzen und dich auf andere Tricks konzentrieren.

Achte auch darauf, ob sich noch jemand anders meldet außer dir. Wenn sich viele Schüler bei der zweiten Frage melden, geht das Risiko, dass du direkt noch einmal drangenommen wirst, sehr stark runter, da der Lehrer dann noch mehr Druck hat, fair zu sein. Wenn sich wiederum niemand meldet, sollte es ein No-Brainer sein, dass der Lehrer dich dann auch ein zweites Mal drannehmen wird. Also lass dann die Hand auch unten.

Das Risiko wird nie null sein, aber es ist schon extrem unwahrscheinlich, zweimal hintereinander drangenommen zu werden. Und wenn es einmal passiert, ist es nicht schlimm. Sag einfach, du hättest in die falsche Richtung gedacht und die falsche Antwort im Kopf oder dass du gerade auf dem Schlauch stehst. Wenn das häufiger passiert, dann höre erst einmal auf, bei diesem Lehrer diesen Trick anzuwenden, und konzentriere dich darauf, dich öfter zu melden, wenn du wirklich eine gute Antwort parat hast.

Richtig angewendet, ist dieser Tipp wirklich unglaublich hilfreich und du kannst deine Meldungen extrem erhöhen, was am Ende einen positiven Einfluss auf deine Note hat.

Bau dir einen High-Level-Wortschatz auf

Bei den bisherigen Tipps und Tricks zum Thema »mündliche Mitarbeit« ging es vor allem darum, die Anzahl deiner Meldungen und Beiträge zu erhöhen (Quantität). In diesem Tipp geht es jetzt darum, wie du mehr Qualität in deine Beiträge bringst, da viele Lehrer eher auf Qualität als auf Quantität achten, auch wenn sich beide in etwa die Waage halten sollten.

Der einfachste Weg, so zu wirken, als wüsstest du mehr und deine Beiträge hätten mehr Qualität als die der anderen, ist der Einsatz von Fremd- und Fachwörtern. Lehrer lieben Fremd- und Fachwörter! Sie können nicht genug von ihnen bekommen. Und das nutzen wir zu unserem Vorteil.

Hier sind ein paar Fremdwörter, die deine Beiträge, egal in welchem Fach, hochwertiger klingen lassen:

adäquat – sinnvoll, angemessen, entsprechend
Beispiel: »Das ist ein adäquater Einwand.«

banal – unbedeutend, alltäglich, gewöhnlich
Beispiel: »Dieser Fakt ist banal.«

differenziert – abgestuft, anspruchsvoll, nuanciert
Beispiel: »Man muss sich diesen Text mal differenzierter angucken.«

eloquent – redegewandt, wortreich, beredt
Beispiel: »Der Autor drückt sich sehr eloquent aus.«

diffus – unklar, ungeordnet, vage
Beispiel: »Diese Aussage ist sehr diffus.«

exorbitant – gewaltig, enorm, außerhalb der Maßstäbe
Beispiel: »Die Ausgaben für das Militär sind in den USA exorbitant.«

explizit – entschieden, ausdrücklich, deutlich
Beispiel: »Die Anwendung wird im Text explizit beschrieben.«

gravierend – schwerwiegend, drastisch, ausschlaggebend
Beispiel: »Der Unterschied ist gravierend.«

heterogen – uneinheitlich, verschiedenartig, aus Ungleichartigem zusammengesetzt
Beispiel: »Wir sind ein heterogener Sportkurs (= Jungen + Mädchen).«

homogen – einheitlich, übereinstimmend, gleichartig
Beispiel: »Es hat sich eine körnige Struktur gebildet, aber sie wirkt nicht so homogen wie Stein.«

inakzeptabel – unmoralisch, unannehmbar, unvertretbar
Beispiel: »Deine Arbeitseinstellung ist vollkommen inakzeptabel.«

indiskutabel – unvertretbar, unannehmbar, inakzeptabel
Beispiel: »Dieses Verhalten ist absolut indiskutabel.«

irrelevant – bedeutungslos, unwesentlich, ohne Bedeutung
Beispiel: »Ob du an deine Oma gedacht hast, ist vollkommend irrelevant für diese Geschichte.«

komplex – umfassend, vielschichtig, zusammenhängend
Beispiel: »Albert Einstein hat sich mit sehr komplexen Themen beschäftigt.«

konsistent – stabil, beständig, übereinstimmend
Beispiel: »In ihrer Meinung ist sie zumindest konsistent.«

kontinuierlich – ununterbrochen, wiederholend, regelmäßig
Beispiel: »Nur wenn du kontinuierlich trainierst, wachsen deine Muskeln.«

legitim – gesetzlich anerkannt, rechtmäßig, erlaubt
Beispiel: »Es ist legitim, sich zu verteidigen, wenn man angegriffen wird.«

marginal – geringfügig, unwichtig, winzig
Beispiel: »Dieser marginale Unterschied macht viel aus.«

prädestiniert – in hohem Maße geeignet/tauglich/begabt
Beispiel: »Er ist wirklich prädestiniert, Basketballprofi zu werden.«

renommiert – angesehen, geschätzt, berühmt
Beispiel: »Die Harvard University gehört zu den renommiertesten Unis der Welt.«

rudimentär – unvollständig, nur noch in Ansätzen vorhanden, lückenhaft
Beispiel: »Mit diesem rudimentären Ansatz löste sie das Problem.«

stringent – logisch, schlüssig, überzeugend
Beispiel: »Die Argumentation des Autors ist überaus stringent.«

trist – trostlos, freudlos, monoton
Beispiel: »Das Bild sieht sehr trist aus.«

essenziell – wesentlich, grundlegend, bedeutend
Beispiel: »Es ist für einen Fußballprofi essenziell zu wissen, wie sein Körper auf bestimmte Belastungen reagiert.«

Ich weiß: Das sind echt viele Fremdwörter. Schreib dir einfach zehn heraus, die dich am meisten ansprechen, und lege dieses Blatt in deine Federmappe. Immer wenn du dich meldest, schiele einfach kurz rüber auf dieses kleine Blatt und überlege dir, ob du eines dieser Wörter in deinen Beitrag einbauen kannst.

Fachwörter hängen natürlich vom jeweiligen Fach und Thema ab. In Mathe überzeugst du mit Ausdrücken wie »Summe«, »Subtraktion« und »Produkt«, in Deutsch dagegen weniger.

Du solltest nicht zwanghaft versuchen, nur noch Fremdwörter und Fachausdrücke zu benutzen – und bitte benutze sie nur, wenn du sicher bist, dass sie auch passen. Es gibt nichts Peinlicheres als Leute, die mit Fremdwörtern um sich werfen und sie dabei falsch anwenden. Aber du wirst an der Reaktion deiner Lehrer merken, was für einen starken Einfluss diese Wörter haben, wenn du sie benutzt.

Mit Fremdwörtern musst du dich weniger melden und lernen und bekommst immer noch eine gute mündliche Note, weil deine Beiträge als qualitativ hochwertig wahrgenommen werden (siehe auch der nächste Tipp).

Achte auf die Qualität deiner mündlichen Beiträge

Wie bewerten Lehrer eigentlich die mündliche Mitarbeit? Bei deinen schriftlichen Noten ist der Prozess transparent, weil du in der zurückgegebenen Arbeit genau sehen kannst, wo du wie viele Punkte erzielt hast, was du falsch gemacht hast und welche Note du deswegen bekommen hast. Bei der mündlichen Mitarbeit gibt es so was nicht. Viele Schüler wissen nicht, dass Lehrer die Qualität der mündlichen Mitarbeit in drei Anforderungsbereichen bewerten:

Anforderungsbereich 1 – Note 3 bis Note 4: Dies ist der niedrigste Anforderungsbereich. Unter diesem Anforderungsbereich fällt die Wiedergabe von Wissen, das du auswendig gelernt hast, wie zum Beispiel die Höhe des Mount Everests oder wie viele Bundesländer es gibt und deren Namen und Hauptstädte.

Anforderungsbereich 2 – Note 2 bis Note 3: Dies ist der mittlere Anforderungsbereich. Unter ihn fällt das eigenständige Erlernen und darauffolgendes Erklären von Stoff im Unterricht, zum Beispiel wenn du ein Arbeitsblatt zu einem vorher unbekannten Thema bekommst und dann dieses Thema erarbeitest und später im Unterricht in eigenen Worten erklären kannst.

Anforderungsbereich 3 – Note 1 bis Note 2: Dies ist der höchstmögliche Anforderungsbereich. Unter ihn fällt das Erarbeiten einer eigenen Deutung zu einer unbekannten Problemfrage mit einer eigens gewählten Methode, wie zum Beispiel Sachaufgaben in Mathe, in denen du die erlernten Rechenarten frei einsetzten musst, oder eine Interpretation oder Analyse in Deutsch.

Gerade in den tieferen Klassen gibt es den Anforderungsbereich 3 oft noch nicht und Anforderungsbereich 2 ist schon mit der Note 1 gleichzusetzen.

Es ist sehr hilfreich, sich klarzumachen, wie Lehrer deine mündlichen Beiträge bewerten. Natürlich ist die Quantität (wie oft du dich meldest) immer noch wichtig, aber versuche, dir bei deinen Beiträgen immer zu überlegen, in welchem Anforderungsbereich du gerade agierst, und versuche, nicht nur Infos zu wiederholen, sondern auch durch die Erklärung von Informationen und durch eigene Ausdeutungen und Beurteilungen einen Anforderungsbereich nach oben zu gehen. So brauchst du weniger Beiträge, um eine gute mündliche Note zu bekommen, und wirst am Ende des Jahres nicht enttäuscht, weil du dich oft gemeldet hast, aber alle Beiträge immer nur Anforderungsbereich 1 waren und die Note entsprechend ausfällt.

Stelle Fragen im normalen Unterricht

Was denkst du: Hat es einen positiven oder negativen Einfluss auf deine Note, wenn du während des normalen Unterrichts (NICHT in der Arbeitsphase!) eine Frage stellst?

Hast du dich für eine der beiden Optionen entschieden? Okay, gut. Lass mich raten: Du denkst eher, dass es schlecht für deine mündliche Note ist. Lieg ich richtig? Ich habe diese Vermutung aufgestellt, weil ich die Meinung meiner Freunde zum Fragenstellen innerhalb des normalen Unterrichts kenne und weil ich früher selber so gedacht habe. Ich dachte immer, durch Fragenstellen zeige ich dem Lehrer, dass ich etwas nicht verstanden habe, dass ich entweder nicht aufpasse oder generell schlecht in dem Fach bin, was beides dazu führt, dass ich eine schlechtere Note bekomme.

Meine Meinung hat sich aber grundlegend geändert, als ich mit den besten Schülern Deutschlands gesprochen habe. Viele von ihnen erwähnten Fragenstellen als Möglichkeit, eine bessere mündliche Note zu bekommen. Sie erklärten mir, dass Fragen im Unterricht keine Schwäche ist, sondern der am meisten unterschätzte Teil der mündlichen Mitarbeit:

1. Du musst nicht viel Vorwissen haben, um eine Frage zu stellen. Für fast alle anderen Beiträge im Unterricht musst du dagegen Vorwissen haben. Da eine Frage genauso ein Beitrag zum Unterricht ist wie das Beantworten einer Frage, ist das eine super Taktik, wenn die Fragen deines Lehrers zu schwer sind oder du einfach die Anzahl deiner Meldungen erhöhen möchtest. (Das hilft auch beim Erreichen des Phasenziels.) Am meisten punktest du bei deinem Lehrer, wenn du eine spezifische Frage zu dem Thema stellst, das er gerade erklärt.

2. Lehrer finden Fragen geil. Auch wenn es schwer ist: Versuch mal, dich in einen Lehrer hineinzuversetzen. Ihr ganzer Job besteht darin, Kindern und Jugendlichen irgendwelche Informationen beizubringen. Manchen macht das sogar extrem viel Spaß und sie gehen richtig auf in ihrem Job. Hast du das Bild im Kopf? Okay, gut. Stell dir nun vor, dass du eine Klasse vor dir hast und nachdem du ein neues Thema erklärt hast, sagst du: »Gibt es noch irgendwelche Fragen?« Die meisten reagieren nicht oder sie schütteln mit dem Kopf. Aber wenn du dir die Kids vor dir so anschaust, bist du dir sicher, dass mindestens die Hälfte es nicht verstanden, sondern ein Fragezeichen im Gesicht stehen hat. Das ist ziemlich blöd für dich als Lehrer. Wenn jetzt jemand eine Frage stellen würde, würdest du erfahren, wo es »hakt«, und hättest die Möglichkeit, das Thema noch mal zu erklären und noch mal genauer auf die Knackpunkte einzugehen. Außerdem wird durch Fragen der Unterricht mehr zu einem Gespräch als zu einem trockenen Vortrag. Das gefällt dem Lehrer viel besser. Ich hoffe, du merkst, dass du durch Fragenstellen dem Lehrer eher einen Gefallen tust, als dir selber zu schaden.

3. Du kannst deine eigenen Verständnislücken schon im Unterricht schließen. Anstatt zu versuchen, dir vor den Klausuren alles zu Hause irgendwie selber beizubringen, warum nicht im Unterricht nachfragen und in der Freizeit wenig für die Schule machen? Falls der Lehrer also am Ende einer Erklärung fragt: »Gibt es noch Fragen?«, oder auch wenn er diese Frage gar nicht stellt, melde dich einfach und versuche durch Fragen das, was du nicht gecheckt hast, zu klären. So lernst du den ganzen Stoff entspannt in der Schule und musst in deiner Freizeit nichts mehr machen.

4. Du hilfst deinen Mitschülern. Du kannst davon ausgehen, dass im Klassenzimmer noch ein paar andere Leute sitzen, die dieselbe Frage haben, aber sich nicht trauen, sich zu melden und zu fragen. Wenn du also Fragen stellst, hilfst du gleichzeitig deinen Mitschülern, und irgendwann werden sie sich auch revanchieren, wenn du ihre Hilfe brauchst.

Die Vorteile durch die Fragen in der Arbeitsphase kennst du ja schon bereits aus Phase 2. Diese gelten auch bei Fragen im normalen Unterricht. Allerdings sind Fragen im normalen Unterricht ein wenig schwerer. Denn wenn du wirklich null vom Thema verstanden hast, kann es passieren, dass du mögliche Nachfragen des Lehrers nicht beantworten kannst, was dann negative Auswirkungen auf deine Note haben kann. Solange du aber ein bisschen kapiert hast, sind Fragen im normalen Unterricht ein extrem gutes Tool, um deine Meldezahl zu erhöhen und dein Phasenziel zu erreichen.

Frag deinen Lehrer bei der Notenbesprechung oder Halbjahreszeugnisvergabe, was du verbessern kannst

Die meisten Schüler hören sich bei der Notenbesprechung ihre Note an, nicken, und das war's. Ebenso bei der Zeugnisvergabe, sie nehmen das Zeugnis, schauen rein und Ende. So verpassen sie aber eine extrem gute Chance, ohne Aufwand in den Augen des Lehrers wie ein motivierter Schüler zu wirken (egal, ob das stimmt oder nicht).

Das ist ganz easy. Du musst einfach, nachdem dir der Lehrer deine Note gesagt hat, fragen: »Wie kann ich mich verbessern?«, oder: »Was muss ich tun, um im nächsten Quartal/Halbjahr eine bessere

Note zu bekommen?« Wenn es Zeugnisse gab, geh einfach bei der nächsten Gelegenheit zu dem Lehrer, bei dem du dich verbessern willst, und frag ihn dann. Mit diesen einfachen Fragen zeigst du, dass dir deine Noten wichtig sind und du bereit bist, dich anzustrengen, um besser zu werden. Diese Charaktereigenschaften eines Schülers sind der Traum eines jeden Lehrers, denn Lehrer möchten sehen, wie Schüler »dank ihnen« besser werden.

Deswegen ist diese einfache Frage ein sehr effektives Tool, um die Meinung eines Lehrers über dich zu ändern und den Halo--Effekt zum Laufen zu bringen. Da diese Situation nicht oft im Jahr eintritt, denk daran und nutze diese große Chance beim nächsten Mal unbedingt!

Mach einen wöchentlichen 30-Minuten-Check-up am Wochenende

Diesen Tipp zeige ich dir erst in dieser Phase, weil du vorher bestimmt gesagt hättest: »Nie im Leben!« Hör dir einfach die Vorteile an und entscheide dann.

Wozu diese Warnung am Anfang? Was ist das für ein Tipp? Ich sag es mal ganz direkt: Es geht darum, dass du viel weniger für Klausuren und generell für die Schule tun musst, wenn du dich an einem Tag am Wochenende hinsetzt und noch mal kurz jeden Hefter beziehungsweise jedes Heft durchgehst und dir anguckst, was du letzte Woche in der Schule gemacht hast und ob du es gecheckt hast.

»Wie kann es mir helfen, weniger Zeit auf die Schule zu verwenden, wenn ich jede Woche 30 Minuten extra in die Schule stecken muss?«, fragst du dich jetzt bestimmt. Auch wenn es sich erst einmal komisch anhört, sind die Vorteile eigentlich logisch:

1. **Du musst fast nichts mehr für Arbeiten/Klausuren lernen.**

   Wenn du in diesen 30 Minuten sicherstellst, dass du den Unterrichtsstoff wirklich verstanden hast, musst du vor deinen nächsten Arbeiten/Klausuren fast gar nichts mehr lernen, weil du ja alles kannst. Jede Woche zusätzliche 30 Minuten sind deutlich angenehmer, als stundenlang für verschiedene Arbeiten/Klausuren zu lernen. Kontinuierliches Arbeiten bringt viel mehr als einen Tag vorher zu pauken, und es fühlt sich nach viel weniger an, als wenn man alles auf einmal lernen muss.

2. **Du weißt, wie dein Lernstand ist.**

   Viele Schüler, zu denen du vielleicht gerade auch zählst, wissen bis kurz vor der Arbeit/Klausur gar nicht, wie ihr Lernstand ist, wie viel sie von dem Stoff schon verstanden haben und was nicht. Das kann vor einer Arbeit/Klausur zu einem bösen Erwachen führen. Die 30-minütigen Checkups am Wochenende geben dir immer einen kurzen Überblick, wo du stehst, und du kannst selber entscheiden, was du mit dieser Info machst.

3. **Du organisierst deine Aufzeichnungen, wodurch du dich besser in der Schule beteiligen und zu Hause effektiver lernen kannst.**

   Wenn du dir jedes Wochenende deine Hefte/deinen Hefter anguckst, ist es sehr wahrscheinlich, dass du dann auch Ordnung in deine Unterlagen bringst und zum Beispiel lose herumfliegende Blätter einheftest. Dadurch wirst du in der Schule bei einer Frage das benötigte Wissen in Form deiner Aufzeichnungen sehr schnell zur Hand haben und kannst dich sehr schnell melden. Zu Hause sparst du dir vor der

Arbeit/Klausur, erst einmal Ordnung in deinen Blättersa-
lat bringen zu müssen. Außerdem mögen es Lehrer, wenn
du geordnete Aufzeichnungen hast. So ist die Chance hoch,
dass es auch einen positiven Einfluss auf deine Note hat,
wenn du dein Heft abgibst.

4. Du kannst dich immer beteiligen, weil du alle Themen bis zu
   diesem Zeitpunkt gecheckt hast.
   Dieser Vorteil ist selbsterklärend: Dadurch, dass du den
   ganzen bisherigen Stoff verstanden hast, kannst du dich
   durchgehend mit qualitativ hochwertigen Beiträgen melden, wodurch deine mündliche Noten nach oben schießt.

Ich hoffe, diese Vorteile konnten dich überzeugen, zumindest vier
Wochen lang diesen wöchentlichen 30-Minuten-Check-up mal auszuprobieren.

Übe richtiges Auswendiglernen

Die Bildungspolitiker haben bis heute noch nicht gecheckt, dass man
heutzutage alle Informationen in zwei Sekunden googeln kann. Auswendiglernen ist immer noch eine wichtige Fähigkeit in der Schule,
und es ist eines der nervigsten Dinge überhaupt. Okay, manchmal
ist es auch tatsächlich notwendig: Fremdsprachenvokabeln muss
man tatsächlich lernen – wenn du Englisch reden willst, kannst du ja
nicht andauernd googeln, sondern musst die Vokabeln draufhaben.
So oder so, ganz ohne Auswendiglernen kommst du leider in der
Schule nicht davon. Deswegen zeige ich dir jetzt, wie du es schaffst,
schneller Dinge wie zum Beispiel Vokabeln auswendig zu lernen.

Es gibt Tausende Menschen, die behaupten, sie hätten den besten Weg gefunden, um am schnellsten auswendig zu lernen. Man soll immer genau um 16:45 Uhr lernen, vorher einen Yoga-Tee trinken, sich irgendein Gerät kaufen oder einfach alles stumpf abschreiben (Lehrer lieben das). Ich erspare dir mal diese manchmal mehr, manchmal weniger skurrilen Auswendiglerntechniken und zeige dir ein paar Tipps der besten Schüler Deutschlands. Und die müssen es ja wissen!

Packe Vokabeln an Orte

Ein sehr einfacher und innovativer Weg, bestimmte Begriffe auswendig zu lernen, ist, sie gedanklich an bestimmten Orten zu platzieren. Lass es mich dir an einem Beispiel erklären: Wenn du zum Beispiel vier Fachausdrücke lernen möchtest, ist es hilfreich, wenn du einen dieser Fachausdrücke gedanklich auf deine linke Hand, den nächsten auf die linke Schulter und die anderen beiden auf die rechte Hand und rechte Schulter platzierst. Wenn du jetzt diese Fachausdrücke lernen musst, guckst du den Ort an, an den du dein Wort in deinem Kopf platziert hast, und lernst sie dadurch schneller, weil du dir durch diese Kombination die Wörter besser merken kannst.

Wenn du mehr als vier Fachausdrücke lernen musst, kannst du auch Orte bei dir zu Hause wählen, an denen du ständig vorbeikommst, sodass du oft an die Begriffe denken musst. Eine andere Möglichkeit ist, auf deinem Schulweg an bestimmten Orten Begriffe zu platzieren, sodass du als Übung jedes Mal, wenn du dort vorbeikommst, diese Ausdrücke lernst.

Laufe rum beim Lernen

Auch wenn es sich ein wenig »Banane« anhört: Herumlaufen beim Auswendiglernen hilft! Viele der besten Schüler Deutschlands und auch viele Studien beweisen, dass du den Stoff schneller in den Kopf bekommst, wenn du dich während des Auswendiglernens bewegst und zum Beispiel durch den Wald läufst. Probiere es einfach mal aus. Pass aber auf, dass dir nicht schwindelig wird, wenn du zu lange in deinem Zimmer in die gleiche Richtung im Kreis läufst.

Lerne vor dem Schlafen

Das ist ein sehr weitverbreiteter Trick. Es hilft dir echt krass beim Auswendiglernen, wenn du abends vor dem Einschlafen noch einmal den Stoff anguckst und lernst. WICHTIG: Danach nicht mehr ans Handy gehen oder irgendwas anderes machen, sondern direkt schlafen. Da der Stoff die letzte Information ist, die vor dem Schlafengehen in dein Kurzzeitgedächtnis gekommen ist, wird er über die Nacht in Richtung deines Langzeitgedächtnisses verschoben. Falls du das noch nie gemacht hast, solltest du es unbedingt ausprobieren.

Lerne mit Bildern

Wenn du mehrere deiner Sinne gleichzeitig benutzt, ist es einfacher für dein Gehirn, sich etwas zu merken. Zum Beispiel hat mir eine der besten Schülerinnen Deutschlands erzählt, dass sie, als sie den Begriff »Genpool« für ihr Bio-Abi lernen musste, sich, anstatt den Begriff auf eine Karteikarte zu schreiben, ein Bild eines Pools auf ihre Karteikarte geklebt hat. Durch diesen visuellen »Trigger« hatte sie das Wort am Ende beim Abi im Langzeitgedächtnis, ohne es oft zu lernen. Wenn du Vokabeln lernen musst, kannst du dir einfach auf die Rückseite einer Karteikarte, wo sonst das deutsche Wort steht, ein entsprechendes Bild kleben. Probier es einfach beim nächsten Vokabeltest mal aus!

Pepp dein Allgemeinwissen auf

Auch wenn es viele Jugendliche gar nicht juckt, was zum Beispiel aktuell in der Weltpolitik abgeht, sind Lehrer – gerade in den oberen Klassen – verrückt nach Schülern, die sich in den aktuellen Nachrichten auskennen. Egal in welchem Fach. Denk mal darüber nach, wie viele Lehrer im Unterricht schon nach einem aktuellen Thema gefragt haben, wie zum Beispiel: »Weiß jemand, was gestern in Berlin beschlossen wurde?«, oder: »Was denkt ihr über die Idee, dass Yoga als neues Schulfach eingeführt werden soll?«

Warum finden Lehrer aktuelle Nachrichten so wichtig?

Wenn du aktuelle Nachrichten kennst, zeigt das, dass du ein interessierter Mensch bist und wissen und verstehen willst, was in der Welt abgeht. Diese Fähigkeit sehen Lehrer für dein späteres Leben als sehr wichtig an, weil du dann zum Beispiel wählen gehen kannst. Wenn du dann keine Ahnung hast, was in den letzten vier Jahren in der Politik passiert ist, kannst du nicht wirklich eine sinnvolle Wahlentscheidung treffen. Außerdem benutzen viele Lehrer auch aktuelle Nachrichten im Unterricht, um langweilige Themen für die Schüler interessanter zu gestalten.

Um informierter zu werden, musst du jetzt nicht jeden Morgen die Zeitung lesen. Fang einfach an, auf Instagram zum Beispiel der Tagesschau oder auch ausländischen Nachrichtenagenturen wie BBC zu folgen. So wirst du immer wieder in deinem Feed zwischen Memes und Models kurze Informationen über das Weltgeschehen finden, was dich mündlich und bei der Lehrer-Schüler-Beziehung punkten lässt. Du kannst dir auch die tagesschau-App auf dein Handy runterladen und wirst dann immer auf deinem Startbildschirm mit den wichtigsten Nachrichten versorgt. Ein geringer Aufwand, mit dem du aber stark punkten kannst!

Rock deine Arbeiten/Klausuren

Auch wenn die mündliche Mitarbeit der einfachste Weg ist, schnell und ohne übermäßigen Stress besser in der Schule zu werden, macht deine schriftliche Note immer noch einen guten Teil deiner Zeugnisnote aus. Deswegen zeige ich dir jetzt ein paar Tricks, wie du auch schriftlich gut abschneidest. Dadurch kannst du dich bei der mündlichen Mitarbeit mehr zurücklehnen oder du nutzt beides, um alles rauszuholen.

Dope dich mit Weintrauben
Lass mich dir eins sagen: Ich bin extrem glücklich, dass ich in Deutschland zur Schule gehe und nicht in asiatischen Ländern wie zum Beispiel Südkorea. Dort ist die ganze Kindheit und Jugend darauf ausgerichtet, so gut wie möglich in der Schule abzuschneiden. Anstatt nach der Schule mit deinen Freunden zu zocken, müsstest du bis zum Abend zu Nachhilfelehrern gehen, um am Ende die 1+ zu bekommen. Es kommt sogar vor, dass sich Schüler bei den Abschlussprüfungen dopen und sich Medikamente injizieren, um bei diesen lebensentscheidenden Examen besser zu performen.

Was hat das alles mit dir zu tun? Will ich, dass du dich auch dopst? Jein. Medikamente, die angeblich deine kognitiven Fähigkeiten verbessern, wirken in den meisten Fällen nicht und haben starke Nebenwirkungen, bis hin zu Gedächtnisverlust, Schweißausbrüchen oder Kontrollverlust über den eigenen Körper. Also nichts, was du machen möchtest! Es gibt aber eine Frucht, die man als »natürliches Doping« bezeichnen könnte: die Weintraube! Sie hat sehr viel Fruchtzucker, Vitamine und andere Inhaltsstoffe, die den Energiestoffwechsel und die Durchblutung fördern. Außerdem besteht sie zum Großteil aus Wasser, was das Gehirn in einer Stresssituation, zum Beispiel wenn du viel denken musst, sehr dringend braucht. Im Gegensatz zu Schokolade oder anderen Süßigkeiten sind Weintrauben sehr leicht verdaulich, weshalb es da auch keine Komplikationen gibt. Nicht ohne Grund gibt es TRAUBENzucker in Plättchenform, um Menschen schnell Energie zu geben. Nimm einfach zu deiner nächsten Klausur/Arbeit anstatt eines Schokoriegels Weintrauben mit.

PS: Rosinen oder Traubenzucker haben nicht die gleiche Wirkung, da in diesen kein Wasser beziehungsweise keine Vitamine vorhanden sind.

Lies die Aufgabenstellung richtig

Ein großer, häufig gemachter Fehler ist, so schnell wie möglich mit einer Aufgabe zu starten, um alles in der knappen Zeit zu schaffen. Wenn solche Schüler dann ihre Note bekommen, stellt sich aber oft heraus, dass sie mehr Zeit in das Lesen der Aufgabenstellung hätten stecken sollen. Sie kriegen eine schlechte Note, weil sie zwar viel geschrieben, aber nicht wirklich die Frage beantwortet haben. Damit dir das nicht passiert, empfehle ich dir, die Aufgabenstellung immer dreimal hintereinander durchzulesen, dir wichtige Wörter zu markieren und dann am Ende in deinem Kopf noch mal die Aufgabenstellung in anderen Worten zu formulieren. Ja, das dauert vielleicht drei Minuten länger, aber dann weißt du hundertprozentig, was dein Arbeitsauftrag ist. Dadurch wird es dir leichter fallen, die richtigen Informationen aus deinem Kopf abzurufen. Steck lieber drei Minuten in das Lesen der Aufgabenstellung, als am Ende drei Seiten am Thema vorbeizuschreiben!

Behalte die Zeit im Auge

Da es in jeder Klausur mehrere Teile gibt, musst du eine ungefähre Idee haben, wie viel Zeit du wofür verwenden willst. Um während der Klausur zu überprüfen, ob du dich noch in deinem eigenen Zeitrahmen befindest, ist es extrem wichtig, dass du weißt, wie viel Uhr es ist. Ich weiß, wie es ist, wenn zum Beispiel die Uhr im Klassenzimmer stehen geblieben ist und man Panik schiebt, weil man nicht sicher ist, wie viel Zeit man noch hat. Um diesen Stress zu vermeiden, haben die besten Schüler Deutschlands empfohlen, dass du dir einfach eine eigene Armbanduhr mitnimmst. So weißt du immer, wie viel Zeit du noch hast. Schaue dann aber auch ab und zu auf deine Uhr.

Krieg deine Prüfungsangst in den Griff

Es gibt Schüler, für die ist Prüfungsangst ein großes Problem. Selbst wenn es nur ein Mini-Vokabeltest in Englisch ist, machen sie sich so verrückt, dass sie am Ende eine viel schlechtere Note schreiben, als sie ohne diese Angst geschafft hätten. Auch wenn Prüfungsangst eher bei Schülern auftritt, die sehr gut in der Schule sind und sich selber Druck machen, weil sie in jeder Arbeit/Klausur eine 1+ schreiben wollen, kommt sie manchmal auch bei schlechteren Schülern vor. Falls dich Prüfungsangst nicht betrifft, kannst du erstens glücklich sein und dir zweitens entweder die folgenden Tipps durchlesen, damit du vorbereitet bist, solltest du doch einmal in einer Situation Prüfungsangst bekommen, oder du überspringst diesen Abschnitt einfach.

Die folgenden drei Tipps werden dir helfen, deine Prüfungsangst zu besiegen und die Noten zu bekommen, die du verdienst:

Atemtechnik: Vielleicht hast du schon mal ein Meditations-YouTube-Video gesehen oder Yoga mitgemacht? Dein Atem beeinflusst extrem, ob du dich gestresst/ängstlich oder entspannt fühlst. Du glaubst mir nicht? Okay, dann atme mal für ein paar Minuten so schnell wie möglich ein und aus. Nach einer Minute wirst du dich extrem gestresst fühlen, weil der menschliche Körper normalerweise nur so atmet, wenn er sich extrem anstrengt oder wenn er extrem nervös und aufgeregt ist. Andersherum kannst du dich aber auch durch deinen Atem beruhigen. Je tiefer und gleichmäßiger dein Atem ist, desto ähnlicher ist er dem Atem beim Schlafen, und dabei bist du definitiv maximal entspannt.

Eine sehr bekannte und simple Atemtechnik ist das »Box Breathing«. Dabei atmest du zunächst durch den Mund die ganze Luft in deiner Lunge aus. Dann atmest du für vier Sekunden ein, hältst die Luft für vier Sekunden an und atmest wieder vier Sekunden aus. Diese Schritte wiederholst du immer wieder, bis du dich beruhigt hast. So einfach ist es. Es gibt keinen besonderen Schnickschnack. Probiere diese Technik beim nächsten Mal, wenn du sehr nervös wirst, einfach aus.

Bring dich in Stresssituationen: Prüfungsangst ist nicht anders als andere Ängste. Eine der Hauptmethoden, um Ängste und sogar Phobien zu bekämpfen, ist, sich langsam mit der Angst zu konfrontieren. Wenn du zum Beispiel panische Angst vor Spinnen hast, würde ein Therapeut zuerst Bilder von Spinnen auf den Tisch legen. Dann würde er eine Spinne in einem Käfig weit von dir entfernt in eine Ecke des Raumes stellen. Sobald die Situation für dich in Ordnung ist, würde er die Spinne immer näher zu dir bringen, bis du sie in der Hand hältst. Die gleiche Strategie funktioniert bei der Prüfungsangst auch. Wenn du in deiner Freizeit zum Beispiel bei einem Tanzwettbewerb oder an einem Musikwettbewerb teilnimmst, wirst du dort auch Lampenfieber haben und nervös sein. Je öfter du diese Situationen meisterst, desto besser kannst du mit Nervosität, Angst und Stress umgehen. Wenn es dann zur Klausur/Arbeit kommt, wirst du viel weniger Angst haben als zuvor, weil du diese Situation schon kennst. Deswegen suche dir ein Hobby oder einen Sport, bei dem du manchmal Lampenfieber hast, um dich an dieses Gefühl zu gewöhnen und es so zu besiegen.

Vorarbeit ist das A und O: Eine der Hauptursachen für Prüfungsangst vor Arbeiten/Klausuren ist, dass man sich nicht richtig vorbereitet hat und im Hinterkopf weiß, dass man es »verkacken« wird. Die einfache Lösung: Bereite dich richtig vor in Fächern, in denen es kritisch ist. Wenn du alle Themen, die du für deine Arbeit/Klausur lernen musstest, wirklich gelernt und verstanden hast, wirst du auch viel weniger Prüfungsangst haben. Nur wenn du Zweifel hast, ob du genug gelernt hast oder ob du wirklich alle Themen richtig verstanden hast, bekommst du starke Prüfungsangst. Deswegen bereite dich einfach vor der nächsten Arbeit/Klausur extragut vor und du wirst sehen, wie deine große Prüfungsangst zu einer kleinen Nervosität wird!

Zusammenfassung für Faule

1. Finde heraus, in welchem Bereich innerhalb eines Fachs du besonders schlecht bist, und versuche, dich dann da zu verbessern.

2. Melde dich, ohne eine Antwort zu wissen, und trickse deinen Lehrer aus.

3. Benutze die richtigen Fachausdrücke und Fremdwörter, um ohne Anstrengung die Qualität deiner Beiträge zu heben.

4. Verstehe die Anforderungsbereiche bei der mündlichen Mitarbeit, damit du qualitativ hochwertige Beiträge liefern kannst.

5. Stelle Fragen innerhalb des Unterrichts, um deine mündliche Note zu verbessern.

6. Frage deinen Lehrer bei der Notenbesprechung oder nach den Halbjahreszeugnissen, was du verbessern kannst, um wie ein ehrgeiziger Schüler zu wirken.

7. Mach jedes Wochenende einen 30-Minuten-Checkup, bei dem du noch mal den gesamten Stoff der Woche durchgehst. So werden keine Wissenslücken entstehen, du kannst dich immer super mündlich

beteiligen und musst fast gar nicht mehr vor Klausuren/Arbeiten lernen.

8. Wende beim Auswendiglernen die richtigen Strategien an und lerne alles in der halben Zeit.

9. Gutes Allgemeinwissen, wie zum Beispiel über aktuelle Nachrichten, wird dir gute Noten einbringen.

10. Nimm Weintrauben anstatt Schokoriegel mit in die Klausur und lies dir die Aufgabenstellung mehrmals durch, um die Klausur zu rocken!

11. Benutze Atemtechniken wie das »Box Breathing« und bringe dich auch in der Freizeit in Stresssituationen, um deine Prüfungsangst effektiv zu bekämpfen.

Die Woche, in der du Phase 3 bestehst

In dieser Woche muss echt viel richtig laufen, um so ein schwieriges Phasenziel zu meistern. Alles, was du in den vorherigen Phasen gelernt hast, kommt in dieser Woche zusammen. Zuallererst bist du dir klar, wo genau deine Schwachstellen in verschiedenen Fächern liegen und wie du diese beheben kannst. Montag bis Mittwoch benutzt du die neuen Tricks wie das zweimalige Melden mit einem Beitrag oder das Stellen offener Fragen im Unterricht, du verwendest Fachausdrücke und Fremdwörter und bei der Notenbesprechung fragst du, was du besser machen kannst, um das Phasenziel in der mündlichen Mitarbeit zu erreichen. Am Donnerstag bekommst du ein großes Lob von deinem Englischlehrer, weil du der Einzige bist, der etwas über die Präsidentschaftswahl in den USA wusste. Seit letztem Wochenende lernst du für deine

Englischarbeit/klausur am Freitag. Durch die Check-ups am Wochenende musst du nur noch ganz wenig lernen, weil du alles aus dem Unterricht schon verstanden und gefestigt hast. Um ein paar zusätzliche Fachausdrücke zu lernen, benutzt du die neu erlernten Strategien zum Auswendiglernen. Am Freitag nimmst du Weintrauben und eine Uhr mit in deine Arbeit/Klausur, um abliefern zu können. Kurz bevor die Klausur/Arbeit anfängt, machst du Box Breathing, um deine Nervosität abzuschütteln.

Nachdem du mit einem guten Gefühl aus der Arbeit/Klausur rausgegangen bist, realisierst du, dass du das Phasenziel auch für diese letzte Phase geschafft hast. Unglaublich!! Du bist jetzt ein durchschnittlicher bis guter Schüler geworden, der durch die erlernten Tipps und Tricks viel weniger Zeit in die Schule reinsteckt als viele seiner Mitschüler. Du bist ein echter »cleverer Schüler« geworden! Herzlichen Glückwunsch!

Ich hoffe, alle drei Phasen haben dir genug Tipps und Tricks geliefert, um diese letzte, zu Beginn vielleicht unmöglich erscheinende Aufgabe zu bewältigen. Auch wenn es ein paar Anläufe brauchen wird, bin ich mir sicher, dass du es schaffen wirst. Und auch wenn du das Ziel jetzt vielleicht noch nicht erreicht hast, bin ich mir sicher, dass du jetzt schon ein ziemlich cleverer Schüler bist! Genau das wollte ich mit dir zusammen erreichen. Du kannst wirklich stolz auf dich sein. Ich zumindest bin es! ☺

Last Minute:
Wie du es schaffst,
innerhalb von vier Wochen
von der 5 runterzukommen
und nicht sitzen zu bleiben

Die meisten Tipps und Tricks, die ich dir gerade erklärt habe, brauchen einen Zeitraum von mindestens drei Monaten, um richtig zu wirken. Da ich nicht weiß, zu welchem Zeitpunkt du dieses Buch in die Hand gedrückt bekommst, kommt jetzt ein Kapitel, das dich wirklich in allerletzter Sekunde vor dem Sitzenbleiben rettet. Viel Spaß und vor allem viel Erfolg!

Da ich selbst nie in der Situation war, versetzungsgefährdet zu sein, und die besten Schüler Deutschlands auch nicht, wollte ich dieses Kapitel nicht mit vagen Vermutungen, was funktionieren könnte, füllen. Deswegen habe ich mit der Erfinderin des »Drannehm-Deals«, der Lehrerin Isabelle Nagel, gesprochen und sie gefragt: »Was muss man tun, um sich last minute vor den Zeugnissen vor dem Sitzenbleiben zu retten?« In diesem Kapitel werde ich dir ihre Tipps und Empfehlungen erklären, sodass du am Ende noch die Kurve kriegst!

Was sind die Voraussetzungen für diese Last-Minute-Rettung?

Das Allerwichtigste ist das Timing. Wenn du erst eine Woche vor der Zeugnisausgabe zu deinem Lehrer kommst und ihm erklärst, dass du dich jetzt wirklich anstrengen möchtest, dann wird dein Lehrer dir sagen: »Da bist du leider ein paar Wochen zu spät!« Das sagt er nicht, weil er vielleicht ein schlechtes Bild von dir hat, weil du dich das ganze Jahr nicht angestrengt hast und ein Störenfried warst. Er kann deine Note eine Woche vor der Zeugnisausgabe ganz einfach nicht mehr ändern, selbst wenn er wollte. Die Noten werden meistens schon zwei bis drei Wochen vor den Zeugnissen eingetragen, weil es ja auch eine Zeit lang dauert, bis alle Zeugnisse gedruckt sind.

Deswegen solltest du spätestens vier bis fünf Wochen vor der Noteneintragung (NICHT der Zeugnisausgabe) deinem Lehrer signalisieren, dass du dich verbessern möchtest und zum Beispiel von einer 5 runterkommen willst. Ein Schulquartal dauert ungefähr acht bis zehn Wochen und wenn du in deinem letzten Quartal in dem Jahr eine 3 brauchst, um von einer 5 auf die 4 zu kommen, musst du dich mindestens die Hälfte des Quartals wie ein Dreierschüler anstrengen, damit dein Lehrer die Chance hat, dir am Ende des Jahres noch die 4 auf dem Zeugnis zu geben. Natürlich ist das nur das absolute Minimum, um noch eine Chance zu haben, eine bessere Note auf dem Zeugnis zu bekommen.

Du solltest jetzt aber nicht gemütlich bis zu diesem Zeitraum warten, um dich zu verbessern. Sprich deinen Lehrer am besten sofort an, sobald du Anzeichen siehst, die deine Versetzung gefährden. Je früher du anfängst, desto höher ist die Chance, dass du von der 5 wegkommst.

Mit einer To-do-Liste von der 5 runter

Nachdem du realisiert hast, dass du zum Glück noch Zeit hast, fragst du dich jetzt bestimmt: »Wie schaffe ich es jetzt genau, von der 5 runterzukommen?« Da kommt der To-do-Listen-Trick ins Spiel. Er wurde extra entwickelt, um Lehrern und Schülern eine faire Grundlage zu geben, zusammen einen transparenten Weg zu erarbeiten, wie ein Schüler sich last minute noch verbessern kann. Viele große Worte, aber was steckt jetzt genau hinter dieser To-do-Liste?

Der allererste Schritt ist, dass du zu deinem Lehrer gehst und sagst: »Ich weiß, dass ich in diesem Jahr nicht so gut war. Was muss ich tun, um von der 5 runterzukommen?« Wenn du deinem Lehrer nicht klar sagst, dass es eine Veränderung in deiner Einstellung gibt und du dich verbessern möchtest, wird er es vielleicht erst in einem Monat bemerken, und dann ist es zu spät. Denk dran: Erste Eindrücke sitzen tief!

Wenn du diesen Schritt geschafft hast und der Lehrer weiß, dass du dich verbessern möchtest, kommen wir zum zweiten Schritt: der To-do-Liste.

Die To-do-Liste ist letztendlich wieder eine Art Vertrag zwischen Lehrer und Schüler. Du setzt dich zusammen mit deinem Lehrer hin und fragst ihn: »Welche Leistungen muss ich erbringen, um von der 5 runterzukommen?« Dann arbeitet ihr zusammen eine To-do-Liste von Aufgaben aus, wie zum Beispiel Vorträge, Essays, Portfolios, eine selbst gestaltete Unterrichtsstunde oder auch den »Drannehm-Deal«. In manchen Bundesländern ist auch eine mündliche Prüfung eine Möglichkeit. Außerdem kannst du deinem Lehrer vorschlagen, ein Video zu drehen, in dem du ein Thema aus dem Unterricht deinen Mitschülern erklärst. Das Video wird dann im Unterricht gezeigt und später an alle Schüler geschickt, damit sie es für die Vorbereitung auf eine Arbeit/Klausur benutzen können. Du kannst auch vorschlagen, eine Learning-App (auf Learning Apps.org) zu erstellen, mit der deine Mitschüler dann lernen können. Gerade Lehrer, die so etwas noch nie gemacht haben, werden von so einer innovativen Idee begeistert sein!

Du und dein Lehrer vereinbaren, dass du, wenn du alle Punkte auf der To-do-Liste mit der passenden Qualität (du wirst keine Pluspunkte sammeln, wenn du einen Wikipedia-Artikel als »Vortrag« einfach nur abliest) abgearbeitet hast, deine bessere Note bekommst.

Immer wenn du eine Aufgabe abgearbeitet hast, unterschreibt dir der Lehrer diese Aufgabe auf der To-do-Liste und bestätigt damit, dass die abgegebene Aufgabe oder der Vortrag die angemessene Qualität hatte. Vor der Noteneintragung siehst du dann anhand deiner To-do-Liste, ob du die bessere oder schlechtere Note bekommen wirst.

Was sind die Vorteile dieses Konzepts?

1. Du zeigst mit der vertraglichen Vereinbarung, dass du es ernst meinst und es wirklich motiviert bist, von der 5 runterzukommen, und du das nicht nur sagst, weil dich deine

Mutter dazu gezwungen hat. So ist die Chance höher, dass dir dein Lehrer am Ende wirklich eine bessere Note gibt.

2. Durch die abgesprochenen Aufgaben auf der To-do-Liste ist dir glasklar, was du tun musst. Außerdem weißt du immer, wie viel du noch machen musst, zum Beispiel ein gutes Referat zu halten, um dein Ziel zu erreichen. Das ist ein riesiger Vorteil! Ohne die To-do-Liste würdest du nie wissen, wie viel du noch machen musst. Den Weg klar vorgezeichnet zu haben, erhöht die Chance, dass du es schaffst.

3. Auch wenn du zu Beginn etwas Energie brauchst, um anzufangen, wird es durch die To-do-Liste mit der Zeit immer einfacher. Es ist wie ein Schneeball, der einen Berg runterrollt und immer schneller wird. Je mehr Erfolge du hast, desto einfacher wird es für dich, weil dein Ziel immer näher rückt und du dadurch extrem motiviert wirst. Wenn du dich ohne die To-do-Liste anfängst anzustrengen, wirst du nie diesen Schub an Motivation bekommen, weil du erstens nicht weißt, wann und ob du dein Ziel erreichst, und du zweitens nicht weißt, wo du gerade stehst.

4. Du hast deine Note selber in der Hand! Dieser Punkt ist eigentlich bei Weitem der größte Vorteil der To-do-Liste. Dein Lehrer kann bestimmen, welche Leistungen du in Form von Aufgaben erbringen musst. Das ist die große Freiheit des Lehrers bei diesem »Deal«. Er darf entscheiden, was du machen musst. Nachdem ihr euch aber auf die Aufgaben geeinigt habt, kann er nichts mehr machen. Dann liegt die ganze Macht bei dir. Du entscheidest, ob du die To-do-Liste abarbeitest oder nicht. Bei allen anderen Strategien liegt die Macht über deine Note immer beim Lehrer und du kannst dir nie sicher sein, ob das, was du machst, genug ist. Da ihr mit der To-do-Liste einen förmlichen Vertrag schließt, wird

der Lehrer diesen respektieren und nicht am Ende, wenn du fertig bist, anfangen, plötzlich neue Aufgaben hinzuzufügen. Klare Regeln – besser geht's nicht.

5. Auch wenn es nicht oft vorkommt, wird es bestimmt den einen oder anderen Lehrer geben, der sagt, dass ein Schüler vier Wochen vor der Noteneintragung nichts mehr machen kann, um seine Note zu verbessern. Durch das Konzept der To-do-Liste wird es unmöglich für den Lehrer sein, so eine Äußerung ernst zu meinen und weiter durchzuziehen. Denn wenn du bereit bist, zehn verschiedene Extraaufgaben zu machen, muss der Lehrer dir zumindest eine Chance geben, diese zu erfüllen. Auch wenn er es für unmöglich ansieht.

6. Manche Lehrer werden dich unterschätzen, weil sie denken, dass du von deinen Eltern dazu gezwungen wurdest, sie anzusprechen. Sie denken dann vielleicht, dass du nicht wirklich deine Einstellung ändern oder nach einem Tag hoher Anstrengung wieder in alte Gewohnheiten zurückfallen wirst. Diese (mögliche) Fehleinschätzung hilft dir; da dein Lehrer eh denkt, dass du es nicht schaffst, gibt er dir vielleicht eine einfache To-do-Liste, sodass du alle Chancen hast, keine 5 zu bekommen.

Verhalten im Unterricht ändern und das Verhältnis zum Lehrer verbessern

Da es nach meiner Meinung keinen Schüler gibt, der in einem Fach auf 5 steht und den der Lehrer mag, ist auch das ein Punkt, den wir noch angehen müssen. Dein Lehrer muss dir wohlgesonnen sein, damit er dir zumindest die Chance gibt, dich noch last minute zu verbessern. Sollte das nicht der Fall sein, musst du sofort aktiv werden. Überlege dir, warum das Verhältnis zu deinem Lehrer schlecht ist. Störst du vielleicht regelmäßig den Unterricht, kommst häufig zu spät oder schwänzt? Was immer es ist: Stelle es sofort ab! Es wird etwas dauern, bis dein Lehrer diese Veränderung wahrnimmt, aber zumindest festigst du nicht den negativen Eindruck, den er von dir hat. Zusammen mit der Abarbeitung der To-do-Liste wird sich so sicherlich euer Verhältnis verbessern.

Du schaffst das

Ich hoffe, ich konnte dich von diesem super Konzept überzeugen. Glaub mir: Es ist die beste Methode, um in letzter Sekunde noch einmal das Ruder rumzureißen und das Zeugnis und die Schullaufbahn zu retten. Wer will schon sitzen bleiben und den Rest der Schulzeit in einer neuen Stufe mit komplett fremden Leuten verbringen?! Wenn du rechtzeitig genug zu deinem Lehrer oder deiner Lehrerin in deinem schlechtesten Fach gehst und zeigst, dass du besser werden möchtest, ist die Chance sehr gut, dass dein Lehrer oder deine Lehrerin sich auf die To-do-Liste einlässt. Danach liegt es, wie schon gesagt, nur noch an dir, ob du diese Chance nutzt und dich rettest oder sitzen bleibst. Es ist deine Entscheidung! Denn wenn du es wirklich willst, wirst du es hundertprozentig schaffen!

Zusammenfassung für Faule

1. Du musst spätestens vier bis fünf Wochen vor der Noteneintragung (NICHT Zeugnisausgabe) auf deinen Lehrer zugehen.

2. Sag ihm, dass du besser werden möchtest, und schlage ihm vor, zusammen eine To-do-Liste mit Aufgaben, zum Beispiel Referaten oder Essays, für dich aufzustellen. Wenn du die Aufgaben auf der To-do-Liste erfüllst, kriegst du eine bessere Note auf dem Zeugnis. Das haltet ihr in einem Vertrag fest.

3. So liegt es einzig und alleine bei dir, ob du durch das Erfüllen aller Aufgaben auf der To-do-Liste von deiner 5 runterkommst oder sitzen bleibst.

4. Falls es in der Vergangenheit Stress zwischen dir und deinem Lehrer gab, solltest du sofort mit allem aufhören, was den Lehrer irgendwie provozieren könnte.

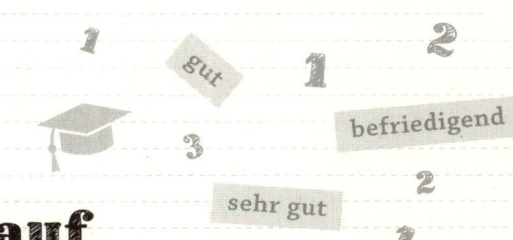

Ausblick auf die Zukunft: Was du werden kannst

Wenn du bis zu diesem Punkt gekommen bist, hast du mehr gemacht als bestimmt 90 Prozent aller Schüler, die dieses Buch unfreiwillig in die Hand gedrückt bekommen haben. Und ich bin mir sicher, dass es nicht immer leicht war, sich durch die Seiten durchzuarbeiten. Es hat sich aber hoffentlich für dich gelohnt und es hat dir vielleicht zumindest ein klein wenig Spaß gemacht, dieses Buch zu lesen. Aber wie geht es jetzt für dich weiter?

Sehr wahrscheinlich hast du die Aufgaben aus dem Motivationskapitel noch nicht gemacht und im Buch einfach weitergelesen. Wie komm ich da drauf? Ich selbst war auch oft zu faul, solche Aufgaben zu machen, und habe mir dann gesagt: »Ja, das mache ich, wenn ich mit dem Buch durch bin.« Am Ende habe ich es dann aber oft vergessen. Da aber ohne ausreichende Motivation eigentlich gar nichts geht, ist es sehr wichtig (wenn du es noch nicht gemacht hast), noch mal zum Kapitel »Motivation« zurückzugehen und dein Traum- und dein Horrorleben zu skizzieren, um dir über deine eigenen Ziele, Träume und natürlich auch deine Motivation klar zu werden.

Außerdem hast du auch sehr wahrscheinlich das Buch in einem Stück durchgelesen und nicht bei der ersten Phase gestoppt und erst nach Bestehen dieser Phase weitergelesen. Dann heißt es jetzt: Starte heute damit, die erste Phase in die Tat umzusetzen, bis du das Phasenziel erreichst. Danach machst du das Gleiche mit den anderen Phasen, bis du die dritte Phase erfolgreich beendet hast. In diesen Phasenschritten vorzugehen ist wirklich der beste Weg, um dich in der Schule zu verbessern und nicht nur einmal das Zeugnis zu retten, sondern für den Rest deiner Schullaufbahn ohne große Anstrengung ein ganz guter Schüler zu sein.

Falls du mit allen drei Phasen durch bist und alle Phasenziele erreicht hast, empfehle ich dir für deine weitere Schulzeit, dir die Tipps und Tricks rauszusuchen, die dir am besten gefallen und geholfen haben, und diese für den Rest deiner Schullaufbahn kontinuierlich anzuwenden, denn zu jedem passt ein anderer Tipp/Trick.

Ich hoffe wirklich, dass du dich jetzt am Ende des Buches anders fühlst als zu Beginn, als du den Deal mit mir unterschrieben hast. Haben wir beide den Deal erfüllt? Ich hoffe, dass sich deine Einstellung gegenüber der Schule verändert hat und du verstanden hast, warum es etwas bringt, halbwegs gut in der Schule zu sein, und dass man kein Streber sein muss, sondern als cleverer Schüler mit den richtigen Tipps und Tricks ein entspanntes Leben führen und keine Probleme mit schlechten Noten haben kann. Wenn du diese Dinge verstanden hast, bist du auf einem sehr guten Weg, dein Traumleben – wie auch immer es aussehen mag – zu erreichen.

Jetzt bleibt mir nur noch zu sagen, dass ich an dich glaube. Auch wenn du es selbst vielleicht noch nicht tust. Woran glaube ich? Ich glaube daran, dass du es schaffen wirst, dich zu verändern. Nicht in eine andere Person, die du nicht bist, sondern zurück zu deinem Charakter, den du hattest, als du klein warst. Als du noch Träume hattest und dir nicht alles scheißegal war, nur weil es angeblich »cool« ist. Als du noch du selber warst und dich nicht verstellt hast, um anderen Leuten zu gefallen, die du insgeheim gar nicht magst. Als du noch auf dich stolz warst und dachtest, du würdest eine krasse Person, wenn du älter bist. Stell dir einfach diese Frage: »Wäre mein sechsjähriges Ich stolz auf die Person, die ich jetzt bin?« Wenn du diese Frage mit »Nein« beantwortest, sei nicht niedergeschlagen, sondern glücklich – du hast endlich erkannt, dass du etwas ändern musst. Und da du dieses Buch bis zu den letzten Worten gelesen hast, bin ich überzeugt, dass du durch die Tipps und Tricks in den nächsten Monaten die Antwort auf diese Frage in ein »Ja« umändern wirst. Du schaffst das!